選手

CLUB

TITLE

전 세계 축구 유망주의
상징이 된 외데고르

PROLOGUE 축구계에서 '유망주'라는 단어는 아마도 축구가 존재하는 한 영원히 축구팬들의
가슴을 설레게 하는 단어일 것이다. 매 시즌 새로운 스타들의 탄생과 그들의 플레이,
캐릭터가 축구팬들에게 새로운 즐거움을 선사한다. 그런 선수들의 성장과 발전을 지켜보며 함께
즐거워하고 슬퍼하는 것이 축구를 단순한 '공놀이'가 아닌 삶과 인생이 녹아드는 대서사시로 만드는,
축구를 더 넓은 카테고리의 존재로 만드는 필수 요소다. 다만 이렇게 매년 등장하는 '유망주'들 중에는
실제로 10대 시절의 기대치만큼 성장하여 월드 클래스 스타로 발돋움하는 선수가 있는가 하면, 반대로
어린 시절의 잠재력을 실현하지 못한 채 잊혀 버리는 선수들도 상당히 많이 존재한다. 그 양쪽의 예가
되는 정반대의 선수들은 과거에도 있었고 미래에도 계속해서 발생할 것이다. 이는 지금까지의 축구
역사가 증명하는 일이다. 그런 축구계의 '유망주'들이 일련의 성장통을 겪고 그 끝에 다시 정상으로
올라가는 아름다운 성장 과정에 있어 외데고르는 그 자체로 교과서적이고 완벽에 가까운 서사를 가진,
전 세계 모든 유망주들의 롤모델로 남을 수 있는 커리어를 만들어 가고 있는 선수다. 그리고 그 과정에는
그 자신의 노력과 주변의 많은 사람들의 도움이 함께 존재했다.
이 책은 어떻게 외데고르라는 선수가 한 나라의 기대를 받는 '유망주'가 되어 어떤 과정을 거쳐 오늘날의
'월드 클래스'이자 아스널과 노르웨이의 주장이 되었는지 그 과정을 전체적으로 정리한 책이다. 그
과정을 최대한 객관적이고 충실하게 정리하되, 그 사이사이 가능한 새로운 정보들을 함께 담고자 했다.

CONTENTS

Special Norwegian Boy, Martin

En La Liga

In Premier League

Special Norwegian Captain, Martin

Special
Norwegian Boy,
Martin

"
노르웨이 축구에는 희망이 필요했고,
누군가 롤모델이 되어 줄 존재가 필요했다.
그리고 그보다 더 좋은 사람을 찾기는 어려울 것이다.
앞으로 많은 소년들이 그와 같은 선수가 되기를 꿈꿀 것이다.
"

_ 올레 마르틴 아른스트

01

노르웨이의 천재 소년,
아버지와의 축구 특훈

1998년 12월 17일, 스칸디나비아 반도에 위치한
나라 노르웨이, 그 수도 오슬로에서 남서쪽으로 40km
정도에 위치한 항구 도시 드람멘(Drammen)의 축구
선수 가족에서 한 소년이 태어났다. 그 가족을 이끌어
가는 가장이자 당시 축구 선수였던 남자의 이름은
한스 에릭 외데고르, 그리고 이날 태어난 그의 아들의
이름은 '마르틴(Martin)'이었다.

그의 아버지 한스 에릭 외데고르는 드람멘시를 연고로
하는 구단인 스트롬스고드셋(Strømsgodset)에서
장기간 중앙 미드필더로 활약한 선수였다. 선수
시절 화려한 경력을 자랑하는 선수는 아니었으나
스트롬스고드셋에서 10년간 활약하며 꾸준한 모습을
보여 줬던 선수였고, 무엇보다 아직 현역이었던
시절부터 유소년 선수들을 지켜보거나 지도하는 일에
관심이 많았다. 그는 실제로 2009년부터 축구 지도자
커리어를 시작하게 된다.

그의 아버지가 프로 축구 선수였다는 사실에 비해서는 거의 알려지지 않은 사실이지만,
외데고르가 항상 자신에게 가장 감사한 사람이자 세상에서 가장 자상한 사람이라고 부르는
그의 어머니인 르네 세실리에 외데고르(Lene Cecilie Ødegaard)도 운동에 소질이 있거나
최소한 운동을 즐겨 하는 사람이었다. 르네는 특히 외데고르가 탄생하기 전까지 모든 스포츠
종목들 중에 핸드볼을 즐겨 했던 것으로 알려졌는데 그의 남편도 부부가 함께 동반으로 했던
현지 언론과의 인터뷰에서 아내에 대해 "핸드볼을 즐겨 했었고 스스로는 아주 잘했다고
종종 자랑하지만 아무도 직접 본 사람은 없다"며 농담을 한 기록이 있다.
심지어 2023년 4월에는 그녀가 과거에 노르웨이 국가대표 핸드볼 선수로도 뛰었다는 외신
영문 기사가 나온 바 있다. 만약 그 기사 내용이 사실이라면 외데고르의 아버지뿐만 아니라
어머니도 프로 선수였고 국가대표였다는 중요한 새로운 팩트가 될 수 있는 부분이라 이
부분을 확실하게 확인하기 위해서 필자가 직접 노르웨이 핸드볼 협회에 공식적인 문의
창구를 통해 확인했지만, 대표팀 공식 답변서를 통해서 "우리 대표팀 기록 아카이브를
모두 확인해 본 결과 르네가 대표팀 선수로 뛴 기록은 없다"는 답변이 돌아오기도 했다.
종합적으로, 그녀가 대표팀 선수로 뛴 것은 사실이 아니지만, 실제로 핸드볼을 즐겨 했고,
평소 운동에 관심이 많았던 것은 분명한 사실인 것으로 보인다.
외데고르는 화목한 가정에서 자랐고 오늘날까지도 종종 인터뷰에서 가족에 대한 질문이
나올 경우 자신의 아버지 어머니에 대해 이야기할 때마다 아버지가 자신의 축구 선수로서의
스승이었다고, 또 어머니는 자신에게 있어 모든 것을 서포트해 준 가장 소중한 존재라고
한결같이 강조한다. 또, 그의 가족은 외데고르가 어린 시절부터 그 지역에서 옷 가게를
운영했는데, 그래서 종종 오늘날까지도 가족의 사업과 관련하여 외데고르의 패션 센스에
대한 인터뷰 질문이 나오곤 한다. 외데고르의 가족은 축구 선수인 아버지가 버는 수입과
가족이 운영하는 가게에서 버는 돈 등으로 어릴 때부터 외데고르의 축구 교육에 아낌없이
투자했다. 당시의 사연은 영국 언론 '가디언'에서 다음과 같이 상세히 보도한 바 있다.

외데고르가 태어나고 자란 드람멘에도 물론 축구장이 있었지만,
노르웨이 대부분의 축구장처럼 잔디 상태가 좋지는 못했다.
그래서 외데고르가 성장하고 있던 2005년 그의 아버지 한스 에릭 외데고르와
주변 이웃 몇몇이 돈을 모아서 그 마을에 최신식 잔디가 갖춰진 축구장을 지었다.
외데고르의 가족은 그 지역 시내에서 옷 가게를 운영 중이었고
한스 에릭 외데고르는 프로 축구 선수이기도 했다.
그 가족에게 돈은 큰 문제가 되지 않았다.
외데고르는 어린 나이부터 축구 훈련에 열심이었고
6세 때부터 이미 슈팅 실력이나 기술이 남달랐다.

아버지가 축구 선수였던 덕분에 외데고르는 아직 선수 시절을 보내고 있는
현역 축구 선수인 아버지와 소년 시절부터 함께 축구 연습을 하며 자랄 수
있었다. 그의 아버지 한스 에릭이 외데고르에게 남다른 축구적 재능이 있다는
걸 깨달은 순간은, 외데고르가 8세가 되는 어느 날 찾아왔다. 그는 그날에
대해 노르웨이 현지 언론과의 한 인터뷰에서 다음과 같이 밝혔다.

외데고르가 아주 어렸을 때부터 축구적인 감각이 있다는 것은 알고 있었고
그가 꽤 좋은 선수가 될 수 있을 거라는 생각도 했습니다. 그러던 어느 날,
아마 외데고르가 아직 8세를 넘기 전이었을 텐데, 저와 함께 늘 하던 대로
훈련을 하다가 제가 이제 훈련을 마치고 돌아가려는데 아들이 슈팅 연습을
50회 더 하고 나서 돌아가겠다고 하더군요. 그때 저는 내 아들이 훈련에도
재능이 있다는 걸 깨달았고, 그건 축구 선수에게 다른 그 어떤 재능보다도
중요한 것입니다. 저는 그 당시에 지역 유소년 선수들을 가르치는 일도 하고
있었기 때문에, 그 또래의 소년들이 얼마나 훈련을 하는지를 아주 잘 알고
있었는데, 외데고르는 같은 나이대의 소년들보다 거의 두 배 이상 훈련을
했습니다. 최소한 한 주에 20시간 이상 축구 훈련을 했죠.

당시 현역 축구 선수였던 외데고르의 아버지가 소년 시절의 외데고르에게
축구를 코칭할 때 가장 중요하게 강조했던 부분은 두 가지, '터치'와 '빠른
볼처리'였다. 물론, 이것은 현재 외데고르의 플레이에 고스란히 묻어 나오는
것으로 그의 아버지가 외데고르를 교육했던 과정을 자세히 살펴보면 어린
시절의 축구 교육이 성인이 된 후에도 얼마나 큰 영향을 미치는지를 아주 잘
확인할 수 있다. 자신의 아들을 교육할 때 가장 강조했던 점에 대한 한스 에릭
외데고르 본인의 말이다.

게임에 차이를 가져오는 것은 빠른 발(볼처리) 능력이고 그것이 선수들의
레벨 차이를 만드는 것입니다. 저는 어릴 때부터 마르틴에게 퍼스트 터치,
세컨드 터치를 집중적으로 가르쳤고 그래서 그가 볼을 받을 때 압박을 느끼지
않도록 강조했습니다. 또, 항상 볼을 자신의 발 가까이 지키는 것을 가르쳤고
그래서 빠르게 방향을 바꿀 수 있는 능력을 키우게 했습니다. 자신보다 힘이
더 강한 상대를 만나더라도, 더 빠르게 빠져나갈 수 있도록 말이죠.

그의 아버지가 아들을 가르칠 때 또 한 가지 중요하게 여긴 점이 있었다.
그리고 이것은 유소년 축구 교육의 현실에 매우 중요한 부분이기도 하다.
자신의 아들이 뛰는 팀에 아버지가 감독인 경우는 흔치 않지만, 그럴 경우
발생할 수 있는 문제가 바로 '편애' 의혹이기 때문이다. 그의 아버지 한스
에릭은 그 문제를 처음부터 차단하기 위해 노력했다.

"

저는 제가 아들을 편애한다거나, 아들에게 우대를 해 준다는 의심을 받고 싶지 않았습니다.
그래서 아들이 뛰는 팀에 주장을 뽑을 때도, 주장을 계속 교체했지만 절대 아들을 주장으로 뽑지는 않았죠.
그 무렵에도 이미 주변에서 그의 기량에 대한 기대가 높았기 때문에, 저는 오히려 아들에게 더 엄격하게 대했습니다.
그러자 어느 날은 한 부모가 저에게 찾아와서 자기 아들에게 너무 엄격한 게 아니냐고 반문을 하더군요.
우리는 훈련이 끝나고 돌아가면서 차 속에서 항상 그날 훈련에 대한 피드백을 주고받았습니다.
그게 아주 큰 도움이 됐던 것 같습니다. 우리는 그때도, 지금도 축구에 대해 자주 대화를 주고받습니다.
그는 축구에 대한 이해가 매우 높았고, 저는 그가 열 살이 됐을 때부터 마치 성인 선수와 축구에 대해 토론하듯
그와 대화를 할 수 있었습니다.

"

이처럼 외데고르가 성장하는 단계에서 아직 현역 축구 선수였던
그의 친아버지로부터 직접 축구를 배우고 함께 훈련을 하고 매일
집으로 돌아오는 길에 또 축구에 대한 의견을 주고 받으며 성장했던
과정이 큰 영향을 미쳤다.
외데고르의 천재성은 분명히 그가 태어날 때부터 타고난 천부적
재능이지만, 그가 어린 시절부터 빠르게 성장한 그 배경에는 분명히
그의 친아버지와 어릴 때부터 매일같이 함께 했던, 부자간의
'특훈'이 있었다. 그런 배경이 있기 때문에, 외데고르는 항상 자신의
친아버지를 자기 축구의 스승으로 부르고 때때로 자신의 어린 시절
축구 우상이 누구였냐는 질문에 다름 아닌 친부를 꼽기도 한다.
그의 친아버지인 한스 에릭은 단지 외데고르에게 '코치'로서의
역할만 한 것이 아니었다. 사실상 그는 어린 시절부터 외데고르가
성인이 되는 거의 모든 과정에서 매니저와도 같은 역할을 했는데,
그에 대한 재미있는 일화도 남아 있다.
외데고르가 서서히 세계 축구계에 알려지기 시작했던 2014년,
당시도 현재도 세계적으로 인기 있는 축구 게임인 '풋볼매니저'에
외데고르가 "너무 나이가 어리다"는 이유로 등록되기 어렵다는
말을 들은 한스 에릭이 직접 트위터(현 X)에 "아버지로서 아들
외데고르의 게임 로스터 등록을 허가한다"고 자필로 쓴 종이를
들고 사진을 촬영해서 이를 트위터에 올렸고, 이것을 '풋볼매니저'의
총괄 디렉터가 직접 확인한 결과 결국 외데고르가 "부모의 동의를
받았기 때문에" 연령 제한의 문제 없이 '풋볼매니저 2015'에 등록될
수 있었다. 그 덕분에 전 세계의 풋볼매니저 게이머들이 2015
시리즈부터 그의 존재를 게임에서 확인하고 더 가깝게 느끼며
관심을 갖고 지켜볼 수 있게 됐던 것이다.
이처럼 그의 친부는 외데고르가 어린 시절 선수로서 성장하는
과정에도, 또 그가 어린 나이부터 세계적으로 축구팬들의 관심을
받게 되는 데에도 매우 크게 기여했다.

전 세계 축구계 유망주들에게 있어
외데고르란 존재 가치는 독보적이다

FOCUS

특히 외데고르의 경우 대중의 시선에서는 '최고의 유망주였으나 대중들의 관심에서 잠시 잊혔다가 다시 메인 무대로 돌아와 스타가 된' 동화 같은 스토리를 가진 선수로서 대략 사랑을 받고 있고, 이는 실제로 미래에도 수많은 유망주들에게 동기부여를 줄 수 있고 또 기대치 않을 수 있는 출중한 선재가 될 것이다. 물론, 이 책을 통해서도 알 수 있는 실제로 외데고르는 '잊혔다'기보다는 꾸준히 성장했던 선수였으며, 단지 스페인을 떠난 사이 너무 높았던 기대치에 비교할 때 잠시 스포트라이트에서 멀어졌을 뿐이라고 보는 것이 정확하다지만 말이다. 외데고르가 이만 겪이 전 세계 축구계의 유망주들에게 동일하게도 같은 존재가 될 수 있는 선수이기도 하외 유사한 사례나 반대되는 사례를 찾지면 그 밖주는 무한대에 가깝다. 따라서, 정확한 하나의 기준을 두고 보기 위해 2015년 세계적 축구 잡지 포포투에서 선정했던 12인의 최고 유망주들과 당시 그들에 대한 기대, 그리고 그들의 현재 모습에 대해 동아본다.

마르틴 외데고르
ØDEGAARD

당시 레알 마드리드 ▶ 현재 아스널

9년 전인 2015년, 포포투에서 선정했던 세계 유망주 1위에 이름을 올렸던 선수는 다름 아닌 이 책의 주인공 마르틴 외데고르다. 2024년 현재 아스널과 노르웨이 대표팀에서 주장을 역임하고 있는 외데고르의 위상과 실력을 생각하면 9년 전의 예상이 적중했다고 봐도 큰 무리가 없는 정도다.

당시 예상 코멘트

16세의 나이에 전 세계 축구계에 이름을 알린 선수는 많지 않지만 외데고르는 흔한 어린 선수가 아니다. 이미 맨유, 맨시티, 리버풀, 바이에른 뮌헨이 모두 그를 원한다고 보도됐고, 그는 결국 레알 마드리드에 입단했으며 이미 노르웨이 대표팀에서 8경기에 출전했다.

이승우
LEE

당시 바르셀로나 유스 ▶ 현재 전북현대

이 리스트에서 2위에 이름을 올렸던 선수는 당연히 국내 팬들에게 너무나도 잘 알려지고 익숙한 이승우다. 당시 바르셀로나 유스에서 뛰던 이승우는 국내뿐 아니라 해외에서도 높은 잠재력을 인정받고 기대를 받던 유망주였다. 이승우는 이후 성인 무대에서 세리에A, 벨기에, 포르투갈을 거쳤고 K리그에서 리그 내 최고의 스타로 활약 중이다.

당시 예상 코멘트

아시아, 아프리카 선수들이 발전을 위해 유럽에 진출하는 것은 핵심적이고 한국의 경우 박지성의 2005년 맨유 진출이 그 길을 보여 줬다. 그리고 지금 한국의 이승우는 미래에 한국 출신의 진정한 첫 번째 월드 클래스 선수가 될 수 있다는 기대가 모이고 있다.

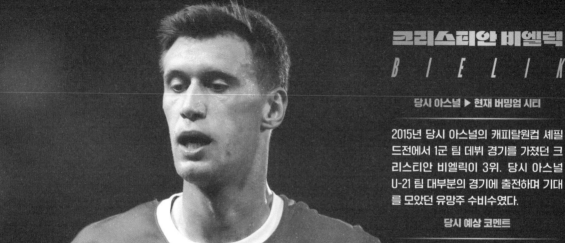

크리스티안 비엘릭
BIELIK

2015년 당시 아스널의 캐피탈원컵 셰필드전에서 1군 팀 데뷔 경기를 가졌던 크리스티안 비엘릭이 3위. 당시 아스널 U-21 팀 대부분의 경기에 출전하며 기대를 모았던 유망주 수비수였다.

당시 예상 코멘트

최근 아스널의 리그컵 셰필드 웬즈데이전에서 데뷔를 가진 비엘릭은 벵거 감독이 장기적으로 팀의 센터백이 되길 기대하고 있는 선수다. 그는 침착하면서도 용감하고 조만간 폴란드 성인 대표팀에 데뷔할 것으로 예상된다.

후벵 네베스
NEVES

당시 포르투 ▶ 현재 알 힐랄

18세의 나이에 챔피언스리그 포르투 대 마카비 텔아비브전에서 주장 완장을 차고 경기를 뛰었던 유망주 미드필더 후벵 네베스가 당시 4위에 올랐다. 네베스는 이후 프리미어리그 울버햄튼에서 맹활약하며 리그 정상급 미드필더로 인정받기도 했다.

당시 예상 코멘트

이 10대의 선수는 이미 로페테기 감독 전술의 핵심이며 뛰어난 패스 능력과 위치 감각, 경기를 보는 능력으로 많은 관계자들의 높은 평가를 받고 있다.

다욧 우파메카노
U P A M E C A N O

당시 잘츠부르크 ▶ 현재 바이에른 뮌헨

외데고르와 함께 이 12명의 선수들 중 현 시점에서 가장 성공적인 커리어를 보내고 있는 선수는 우파메카노다. 2015년 당시부터 이미 맨유, PSG의 관심을 받고 있던 우파메카노는 유망주 시절부터 강하고 빠른 피지컬을 갖추어 큰 잠재력을 가진 선수로 촉망받았다.

당시 예상 코멘트

17세의 나이에도 불구하고 경기를 잘 읽고 볼을 다루는 능력이 뛰어나다. 그의 앞에는 분명 큰 미래가 있을 것으로 보인다.

파비안 벤코
B E N K O

당시 뮌헨 ▶ 현재 피핀스리드

크로아티아 출신으로 모드리치, 라키티치, 할릴호비치, 코바시치 등을 이을 것으로 기대받던 유망주 미드필더 파비안 벤코가 6위에 이름을 올렸다. 그는 당시 17세의 나이에 바이에른 뮌헨의 과르디올라 감독의 부름을 받고 구단의 중국 투어에 합류하기도 했다. 다만 이후로 잠재력만큼 성장하지 못하며 아쉬움을 남겼다.

당시 예상 코멘트

그는 17세의 나이에도 아주 좋은 선수다. 전반적으로 성장해야 하는 부분이 많지만, 그의 훈련에서의 태도와 경기력에 만족한다.

브릴 엠볼로
E M B O L O

당시 바젤 ▶ 현재 모나코

카메룬 출생이지만 어린 시절부터 스위스에서 성장해 2013/14시즌 1군 무대에 데뷔한 후로 중앙공격수, 측면에서 모두 뛰며 18세의 나이에 46리그 경기에서 16골을 기록했던 브릴 엠볼로가 7위를 차지했다.

당시 예상 코멘트

엠볼로가 아직 18세라는 걸 잊는 사람들이 많다. 그는 중앙공격수로도, 오른쪽 공격수로도 뛸 수 있다. 빠르고 강하지만, 무엇보다 큰 강점은 뛰어난 결정력이다. 그는 이미 자신보다 10세 이상 나이가 많은 선수들에게도 존중받을 만한 모습을 보여 주고 있다.

하킴 마스투르
M A S T O U R

당시 밀란 ▶ 현재 르네상스 클럽 제맘라

이탈리아 태생의 모로코 선수인 하킴 마스투르는 당시 아직 널리 알려진 유망주는 아니었다. 다만 뛰어난 개인기로 높은 평가를 받던 선수였는데, 기대만큼 성장하지는 못한 케이스가 됐다.

당시 예상 코멘트

빠른 주력과 뛰어난 개인기를 가져 플레이를 보는 것이 매우 즐거운 선수다. 아직 17세의 나이지만 진정한 스타가 될 가능성이 있다.

게디온 젤라렘
Z E L A L E M

당시 아스널 ▶ 현재 VVV 펜로

당시 미국 유소년 대표팀 감독으로부터 "이니에스타처럼 드리블하고 사비처럼 패스한다"는 극찬을 받았던 젤라렘이 9 위다. 이 당시에는 레인저스에서 임대로 활약 중이었고 아르센 벵거 감독으로부 터도 큰 선수가 될 수 있을 것이라는 기 대를 받았다.

당시 예상 코멘트

현재 레인저스에서 주목받을 만한 활약 을 보여 주고 있고 중앙에서 정확하고 영리하게 볼을 뿌려 주는 능력이 뛰어나 다. 아르센 벵거 감독 역시 훌륭한 선수 가 될 수 있다고 평가했다.

루카 요비치
J O V I Ć

당시 레드 스타 ▶ 현재 AC 밀란

당시 레드 스타의 단장으로부터 "로빈 반 페르시가 오더라도 9번 유니폼은 여 전히 요비치가 입을 것이다"라는 말을 들을 정도로 신임받던 17세의 유망주 요 비치가 10위를 차지했다.

당시 예상 코멘트

17세의 나이에 팔카오에 비교되고 있는 선수(맨유, 첼시 시절이 아니라 아틀레 티코 마드리드 시절의 팔카오)다. 토트 넘, 아스널, 아틀레티코 마드리드의 큰 관심을 받고 있다

유리 틸레만스
TIELEMANS

당시 안데를레흐트 ▶ 현재 아스톤 빌라

당시 나잉골란, 무사 뎀벨레, 악셀 비첼 등이 뛰고 있던 벨기에 대표팀에서 기회를 받지 못했지만 높은 잠재력을 드러내고 있던 틸레만스가 11위다.

당시 예상 코멘트

앞으로 2년 동안 지금처럼의 활약을 계속할 수 있다면 대표팀에서도 활약할 수 있을 것으로 보인다. 패스 능력이 뛰어나고 골 냄새를 맡는 능력도 좋다. 현재 세계 중앙 미드필더 중 가장 유망한 선수 중 한 명이다.

곤살루 게드스
GUEDES

당시 벤피카 ▶ 현재 벤피카

당시 '제2의 호날두'라는 기대를 받던 선수 게드스가 12위다. 18세의 나이에 벤피카의 챔피언스리그 4경기에 모두 출전하며 큰 기대를 모았다.

당시 예상 코멘트

주력이 좋고 강력한 슈팅 능력을 가진 선수다. 맨시티의 관심을 받고 있어 호날두와 유사하게 잉글랜드 맨체스터로 향할 가능성이 있다.

02

최연소 기록 경신의 시작,
15세부터 생긴 '외데고르 신드롬'

외데고르가 태어났던 1998년은 노르웨이 대표팀이 1990년대에 맞이했던
전성기 중에서도 그 정점을 향해 가고 있던 시기였다. 노르웨이는 1994, 1998
FIFA 월드컵 본선에 2연속 진출했고 1998 월드컵에선 특히 16강에 진출,
메이저 역대 최고 성적을 거뒀다. 이후 유로 2000 본선에도 진출하며 이 시기
북유럽 축구 강호 중 하나로 떠올랐으나 2000년을 기점으로 이후 20년 이상
월드컵과 유로 본선 진출에 실패하는 긴 침체기를 맞이하게 된다.

시대가 영웅을 만들고, 스타를 만드는 것은 축구에서도 마찬가지다. 그런
노르웨이 축구계에 있어 외데고르는 성공적인 시대가 저물고 긴 침체기에
접어들던 위기에 태어난 '천재 소년'이자 더 큰 그림에서는 '구세주'였던 셈이다.
그리고 그렇게 노르웨이 축구가 침체기에 접어들던 시기에 나타난 10대 천재
소년은 노르웨이는 물론 전 세계의 관심을 받게 됐는데, 특히 당시 노르웨이에서
외데고르에 대한 관심과 기대는 노르웨이 축구계 인사들과 언론으로부터
'노르웨이 축구 역사에서 전례를 찾기가 힘들다'는 평가를 받을 정도였다.

그 당시 외데고르에 대한 노르웨이 현지 팬들의 기대가 얼마나 컸는지, 그리고 당시
그에 대한 노르웨이 팬들이나 국가 전체의 분위기가 정확히 어땠는지는 노르웨이
방송사 중 하나로 현재까지도 외데고르에 대한 보도에서 자주 인용되는 'TV2'에서
그의 유소년기에 대해 다룬 다큐멘터리 영상에서 자세히 확인할 수 있다. 해당
영상에서는 외데고르 본인과 주변인들과의 인터뷰를 통해 외데고르의 어린 시절과
당시 노르웨이 현지의 상황을 생생히 전하고 있다.

해당 다큐멘터리 영상에서는 외데고르에게 이미 2013년 10월부터 바이에른
뮌헨에서 관심을 보인 것으로 전하고 있다. TV2의 이 다큐멘터리를 포함해서
비슷한 시기의 현지 언론 기사들을 종합해 보면, 이 무렵부터 유럽 빅클럽들이
외데고르에게 관심을 갖기 시작한 것은 사실이고 다양한 클럽들이 첫 클럽으로
언급되고 있는데 당시 2013, 2014년 현지 보도 내용들을 기준으로 언론사마다
약간의 차이는 있지만, 가장 먼저 외데고르에게 공식적으로 접근했던 빅클럽으로
가장 빈번하게 지목되는 것이 바이에른 뮌헨인 것은 분명한 사실이다.

당시 외데고르도 현지 언론과 거의 처음으로 방송상 인터뷰를 가진 모습이 남아
있는데 짧은 인터뷰에서 뮌헨의 관심에 대해 이렇게 말했다.

**뮌헨은 챔피언스리그 우승 팀이고 세계 최고의 클럽이라고 생각합니다. 뛰어난
선수들도 많고 축구도 훌륭하다고 생각합니다.**

이 다큐멘터리에는 노르웨이 대표팀 축구 선수, 또 당시 외데고르를 지도했던

감독 등 다양한 축구 관계자들이 나와 외데고르에 대해 다각도에서의 의견을 내고 있다. 특히, 벨기에, 노르웨이 리그에서 뛰어난 득점력을 보였고 노르웨이 국가대표로도 활약했던 선수 출신인 올레 마르틴 아르스트는 외데고르의 데뷔전과 그 시기의 외데고르에 대해 이렇게 말했다.

1부 데뷔전까지는 잠재력이 높은 여러 선수 중 한 명이라고 이름 정도를 들어 봤다.
그런데 그는 노르웨이 1부 리그에 최연소 데뷔한 경기에서 67번 등번호를 달고 뛴 어린 선수가
성인 선수들 사이에서도 아주 편안하게 경기를 했다. 그의 플레이를 보면 이미 성인 선수인 것 같다.
경기장 위에서도 밖에서도. 매우 현명하고, 겸손하고, 거의 무서울 정도다.
독특한 스킬을 갖고 있고 매우 좋은 결정을 내린다. 그러나 기술을 뽐내는 듯한 플레이를
별로 많이 하지는 않는다. 노르웨이 축구에는 희망이 필요했고,
누군가 롤모델이 되어 줄 존재가 필요했다. 그리고 그보다 더 좋은 사람을 찾기는 어려울 것이다.
앞으로 많은 소년들이 그와 같은 선수가 되기를 꿈꿀 것이다.
6세 때부터 이미 슈팅 실력이나 기술이 남달랐다.

해당 경기 영상을 직접 확인해 보면, 실제로 외데고르는 경기 중 자신보다 최소 다섯 살, 열 살, 많게는 스무 살이나 많은 선수들을 상대로 뛰면서도 간단한 개인기로 성인 선수들을 제치거나, 빠른 박자의 패스를 성공시키는 등의 모습을 보여 줬고, 한 장면에서는 상대 중앙으로 과감하게 돌파를 시도해서 그 과정에서 흘러 나간 볼을 동료가 슈팅으로 이어서 골에 성공하기도 했다. 경기 후 외데고르는 방송사 인터뷰에서 "긴장했나요?"라는 리포터의 질문과 경기 소감에 대해 앳된 얼굴로 아래와 같이 짧은 소감을 밝혔다.

네, 조금 긴장됐지만 팬들이 이름을 불러 주자 점점 진정이 됐습니다. 그래도 제가
할 수 있는 것을 보일 수 있어서 즐거웠습니다.

당시 스트룀스고드셋의 감독이었고 이후 셀틱의 감독을 역임하게 되는 로니 델리아 감독은 외데고르의 데뷔전에 대해 다음과 같이 말했다.

외데고르는 경기를 보는 환상적인 시야를 갖고 있다. 단숨에 경기를 읽을 수 있고,
기술적인 능력도 매우 뛰어나다. 또한 선수로서의 태도도 훌륭하다. 나는 보통
어린 선수들 기용에 매우 실험적인 편이 아니지만, 외데고르가 오늘 경기에서
차이를 만들어 낼 수 있을 것이라는 걸 알았다.

데뷔전으로부터 한 달 후, 외데고르는 새로운 기록을 세웠다. 5월 16일에, 노르웨이 1부 리그 최연소 득점자가 된 것이다. 이때가 바로 노르웨이 축구계에서 진정한 의미의 새로운 스타가 탄생하는 특별한 순간이었다. 경기장 안팎으로 분위기는 더 뜨거울 수 없을 만큼 뜨거웠고, 그때부터 노르웨이 팬들은 언젠가 이 선수가 세계 최고의 선수가 될 것이라는 기대를 갖기 시작했다. 당시 노르웨이 언론들은 외데고르에 대해 공통적으로 나이에 비해 매우 성숙하다는 평가를 내렸고, 이 해의 활약을 시작으로 외데고르에 대한 유럽 빅클럽들의 관심이 이어지면서 그것이 다시 노르웨이라는 국가 전체의 관심사가 됐다. 그에게 관심을 갖는 클럽들로는 바이에른 뮌헨을 필두로 바르셀로나, 맨시티 등등 점점 더 많은 클럽들이 거론되기 시작됐고 외데고르는 단숨에 그의 클럽을 넘어 나라 전체의 기대를 받는 선수가 됐으며, 그즈음 최고의 유망주들에게 자주 그랬던 것처럼, '제2의 메시'라는 별명도 이때부터 붙게 됐다.

외데고르의 이 시기에 대해 가장 집중적으로 조명한 노르웨이 방송사 'TV2'에서는 평론을 통해 외데고르의 빠른 성장에 대해 마라도나, 즐라탄 등의 예를 언급하며 "같은 나이대인 15세 기준으로 세계 최고의 선수 중 한 명"이라고 평가하기도 했다.

또, "외데고르에 대한 전 국민적인 관심과 기대는 노르웨이 축구에 지금까지 없던 일이며 15세의 나이에 리오넬 메시에 비견되는 선수가 나타났다. 매일같이 그를 원하는 새로운 클럽의 이름이 들려온다. 바르셀로나, 레알 마드리드, 뮌헨, 도르트문트, 아약스, 드디어 우리도 그 클럽들에서 뛰는 선수를 가질 때가 됐다"고 덧붙이기도 했다. 그리고 아마도, 그 시기 노르웨이 팬들의 마음을 가장 잘 대변해 주는 한마디는 아마도 아래의 말일 것이다.

드디어 우리에게도 슈퍼스타가 탄생했다!

톰 룬드도
15-16세에 그 정도로
뛰어나진 않았다.
외데고르는
분명한 노르웨이
역대 최고의 재능이다.

톰 룬드의
그 나이대를
모두 보진 못했지만,
같은 시기에
외데고르의 기술을
가지진 못했던 것 같다.

TV2 _____

OLE MARTIN ARTS _____

실제로, 이런 외데고르에 대한 뜨거운 기대는, 당시 노르웨이 현재의 상황, 또 여러가지 배경과 함께 살펴볼 필요가 있다. 당시 노르웨이 축구계는 새로운 스타의 탄생이 절실했다. 국가적 축구에 대한 관심을 올려 줄 사람. 또 언론도 새로운 영웅을 필요로 했다. 이 두 가지, 팬들의 갈증과 언론의 필요가 외데고르를 단숨에 국가적 스타로 만든 배경인 것이다. 그는 그렇게 어린 나이부터, 주변 국가인 스웨덴, 덴마크 등을 대표하는 레전드들인 즐라탄, 라우드럽 등과 비견되기 시작했다.

외데고르에 대한 이런 막대한 관심은 자연스럽게 노르웨이 대표팀에 대한 관심으로도 이어졌다. 단, 외데고르 본인은 그런 중에도 항상 어린 나이에도 의젓한 모습을 보이곤 했다. 첫 대표팀 소집 인터뷰에서 외데고르는 이렇게 말했다.

겸손하지 않고 자만하면 10년 후, 더 멀리 갈 수 없다고 생각합니다. 또, 10년 후에 최고의 자리에 올라야 한다고 생각합니다.

이후 외데고르는 2014년 8월 27일 아랍에미리트(UAE)를 상대로 한 국가대표팀 경기에서 데뷔전을 가졌다. 이 경기는 0-0 무승부로 끝났지만, 외데고르는 이미 이 경기에서 팀 내 최고의 활약을 선보였다.

한편, 외데고르에 대한 팬들의 관심과 기대가 너무 거대해지면서, 그를 선발하지 않거나 출전시키지 않는

감독이 비판대에 오르는 상황이 발생하기 시작했다. 이후, 몰타전에서 팀이 3 대 0으로 앞서고 있는데도 외데고르를 교체 출전시키지 않자 팬들이 화를 낼 지경이었던 것이다. 이에 대해서 대표팀 감독 페르마티아스 회이모는 "서서히 뛰게 될 것이고 서두를 필요 없다, 아직 열다섯 살의 선수이니 17, 18년의 커리어가 남아 있다"고 말하며 팬들을 직접 나서서 진정시켜야 할 정도였다.

이후 10월 경기에서 다시 대표팀 경기에 출전했을 때 노르웨이 언론에서는 엄청난 분위기가 조성됐고 외데고르가 출전하는 순간 관중석은 열광했다. 당시 현장을 취재했던 취재진들 사이에서는 "노르웨이 축구에서 그만큼 환영받는 선수를 보지 못했다. 온 나라가 그에게 기대를 걸고 있는 것 같다"는 보도가 나오기도 했다.

특히 이날에 대해서는 외데고르 본인 역시 지금까지도 매우 생생하게 기억하고 있다. 외데고르의 지금까지의 커리어에 대해 자기 자신의 시각에서 가장 솔직하게 기록으로 남긴 그의 '플레이어 트리뷴'에 직접 기고한 글에서 그는 이렇게 말했다.

그날 유로 2016 예선 불가리아전에서 교체 투입됐을 때, 오슬로에 있는 경기장에 모인 2만 여 명의 팬들이 정말 열렬하게 저에게 환호를 보내 줬고, 제가 볼을 터치할 때마다 응원을 보내 줬습니다. 지금도 그때 그 경기장의 소리가 생생합니다.

그 무렵, 외데고르는 그 당시에 노르웨이 축구 역사상 역대 최고의
선수 중 한 명으로 손꼽히는 레전드인 톰 룬드(Tom Lund)와 자주
비교되곤 했는데, 이 비교에 있어서도 같은 나이대를 기준으로
외데고르의 재능이 더 뛰어나다는 평가가 대부분이었다.
외데고르는 어린 시절부터 노르웨이와 축구계의 온갖 최연소
기록을 경신하며 성장했고 15세의 나이에 이미 세계적 언론에서도
가장 관심을 받는 유소년 축구 선수로 이름을 날렸다. 이는 당시
여러 세계적 언론사의 보도에서도 그 흔적을 생생하게 찾을 수
있는데, 10년 전인 2014년 9월 10일, 미국 유력 언론 CNN의
기사에서 다음과 같이 당시 외데고르에 대한 관심을 전하고 있다.

> 외데고르는 15세의 나이에 이미 세계 축구계를 자신의 발밑에
> 둔 선수 같다. 그는 지난달 노르웨이 대 아랍에미리트(UAE)의
> 친선전에서 노르웨이의 역대 최연소 국가대표 데뷔자가 됐고, 그
> 경기에는 35개 팀의 스카우트가 그를 보기 위해 경기장을 찾았다.
> 그 35개 팀 중에는 프리미어리그 팀인 맨유, 리버풀도 포함되어
> 있고 그들은 외데고르를 더 자세히 관찰하기 위해 U-21 경기도
> 찾은 것으로 밝혀졌다.

그 경기 후, 노르웨이의 축구 스타이자 블랙번에서 뛰어난 활약을
보였던 모르텐 감스트 페데르센은 외데고르에 대해 믿을 수 없는
잠재력을 가진 선수라며 극찬했고 2014년 ESPN과의 인터뷰에서
다음과 같이 말했다.

> 그의 나이를 고려할 때 지금 그의 활약은 놀라운 수준입니다.
> 게임을 보는 축구에 대한 이해도 엄청나고 기술적인 면도
> 환상적입니다. 아직 15세에 불과한 점을 감안하면 신체적인
> 조건만 발전시키면 된다고 생각합니다. 그처럼 큰 잠재력을 가진
> 선수를 본 적이 없습니다.

특히 프리미어리그에서 활약한 경험이 있는 페데르센은 이
인터뷰에서 외데고르의 미래를 어느 정도 예상하는 발언을 하기도
했다.

> 지금 빅클럽에 가더라도 아마도 임대를 다니게 될 겁니다.
> 그것도 좋은 선택이기 때문에 어떤 것이 옳은 결정이라고는 하기
> 어렵습니다. 지난주에 그와 만나서 대화를 나눴는데 그는 저에게
> 여러 가지를 묻더군요. 저는 그에게 조언은 해 줄 수 있지만 가장
> 중요한 것은 축구를 즐기는 것이라고 했습니다. 그는 매우 겸손한
> 자세를 갖고 있고, 그것이 어느 팀으로 가든 그를 도울 것입니다.

외데고르는 15세의 나이에 이미 세계 축구계를 자신의 발밑에 둔 선수 같다.

그는 지난달 노르웨이 대 아랍에미리트(UAE)의 친선전에서 노르웨이의 역대 최연소

국가대표 데뷔자가 됐고, 그 경기에는 35개 팀의 스카우트가 그를 보기 위해 경기장을 찾았다.

그 35개 팀 중에는 프리미어리그 팀인 맨유, 리버풀도 포함되어 있고

그들은 외데고르를 더 자세히 관찰하기 위해 U-21 경기도 찾은 것으로 밝혀졌다.

03

'63개 클럽에서 온 이메일', 외데고르 쟁탈전

외데고르가 이미 10대 초반부터 천재적인 능력을 보이고, 15세의 나이부터 1군 무대에서 자신의 능력이 단순히 잠재력이 아님을 증명하기 시작할 무렵부터 유럽의 거의 모든 명문 클럽들과 빅클럽들이 그의 영입에 관심을 보이기 시작했다.

당시의 상황에 대해서 스트룀스고드셋의 이사진 중 한 사람은 2022년 영국 언론 '데일리미러'와의 인터뷰에서 외데고르가 스트룀스고드셋에서 레알 마드리드로 이적하기 전까지, 외데고르 영입을 위해 스트룀스고드셋에 연락을 취해 온 유럽 구단이 무려 '63개 클럽'이었다고 직접 구체적인 숫자까지 밝히기도 했다.

해당 인터뷰에서 클럽의 대표이사인 조던 닐슨은 외데고르의 데뷔 시기에 대해 다음과 같이 말했다.

> 외데고르가 15세였을 때 프리시즌 중에 그를 보며 받은 느낌이 아직도 생생합니다. 그때 우리는 헝가리 팀을 상대로 하고 있었는데, 그는 6번 미드필더로 출전해서 완전히 경기를 지배했습니다. 아직 15세의 나이에 경기를 완전히 지배한거죠. 코치들과 다른 선수들이 이런 모습은 한 번도 본 적이 없고 앞으로도 못 볼 것 같다고 말한 기억이 납니다. 그는 아직 15세인데 마치 30세의 슈퍼스타처럼 뛰었습니다.

외데고르에게 '63개' 클럽에서 연락이 왔다는 발언은, 정확히 클럽의 마케팅 부서 팀장인 루네 마르틴센의 발언이었다.

> 외데고르가 13세일 때부터 이미 그와 후원 계약을 맺고 싶다는 연락이 왔습니다. 나이키, 아디다스, 디아도라 등등 모든 스포츠용품 회사들이 그를 원했죠. 그는 이전까지 노르웨이

축구계에서 전례가 없던 선수입니다.
아마도 그가 14세, 15세였을 때부터 63개의 클럽에서
그에 대한 연락이 왔습니다. 바이에른 뮌헨, 도르트문트,
리버풀, 바르셀로나, 아스널, 또 그 외에 몇몇 이탈리아
클럽들도요. 유럽의 거의 모든 최정상의 클럽들로부터
연락이 왔습니다. 그러나 제가 가장 인상 깊게 기억하는
것은, 그와 그의 아버지가 엄청난 능력에도 불구하고 항상
겸손했다는 점입니다.

이 시기, 미래에 외데고르가 주장으로 활약하게 되는
아스널 역시 외데고르의 영입을 진지하게 원했던 클럽 중
하나였다. 특히, 아스널의 외데고르 영입 시도에 중요하게
관여했던 관계자들 중의 한 명은 당시 아스널의 유소년
스카우트였던 스티브 모로우(Steve Morrow)였는데, 그는
영국 언론 '더타임스'와의 인터뷰에서 2014년에 처음
외데고르의 재능을 알아본 후에 있었던 일들에 대해 다음과
같이 말했다.

저는 외데고르가 14세였을 때 그를 처음 스카우트했고
그의 재능, 기술적인 레벨, 그리고 축구 지능 등을 보고
감탄한 기억이 있습니다. 그 후에 18개월 동안 그를
지켜보고 그와 또 그의 가족과 가까워졌죠.
우리는 스트룀스고드셋으로부터 외데고르를 우리
훈련장에 초대하는 것에 대한 허가를 받았고,
최종적으로는 우리와 레알 마드리드가 남았습니다.
외데고르는 아스널에 와서 벵거 감독과 만났고 함께
식사를 하고, 우리 구단의 이곳저곳을 소개해 줬습니다.
우리는 그에게 축구 선수로서만 발전하는 것이 아니라
사람으로서도 더 성장할 수 있도록, 요리도 가르쳐 주고
커뮤니티 봉사를 위해 병원에도 방문하게 될 것이라고
말했습니다.
아스널에 방문했을 때 외데고르는 우리에게 아주 깊은
인상을 남겼습니다. 벵거 감독에게도 말이죠. 우리는 그때
그의 영입에 매우, 매우 가까웠지만, 마지막 순간에 그는
레알 마드리드를 선택했습니다.

비록, 이때 아스널은 최종적으로 외데고르 영입에
실패했지만, 당시 맺었던 인연과 그때 들였던 노력이 결코
헛된 것은 아니었다. '미러'는 그 시기에 스티브 모로우가
들였던 노력이 이후 아스널이 외데고르를 임대하고 이후

다시 완전 영입하는 데 큰 역할을 했다고 보도했다.
이때 외데고르를 아쉽게 놓쳤던 모로우 외에도, 그때의
일을 여전히 아쉬워하는 다른 한 사람이 더 있는데 다름
아닌 당시 아스널의 감독이었고, 직접 외데고르 부자와
식사 자리를 함께했으며, 구단 역사상 최고의 명장 두 사람
중 한 사람으로(1930년대 팀의 첫 전성기를 이끌었던
허버트 채프먼 감독과 함께) 남은 아르센 벵거 감독이 그
주인공이다.
벵거 감독은 2024년, 자신이 영입해서 맹활약했던
또 한 명의 스칸디나비아 반도 출신 레전드인 프레디
융베리(스웨덴)와 1 대 1로 가진 아스널 구단의 과거와
현재에 대한 인터뷰에서 다음과 같이 말했다.

LJUNGBERG

외데고르가 2014년에 아스널에서 훈련을 받은 적이
있었는데요, 그때를 기억하시나요?
그럼요, 아주 잘 기억합니다. 저는 그때 그를 영입하기
위해 미친 듯이 싸웠었습니다. 그가 우리 훈련장에 왔을
때, 스티브 모로우가 데려왔던 것이 기억나는데요,
아버지와 함께 왔구요. 그가 훈련을 하는 걸 보면서
파브레가스가 떠올랐습니다.
네, 무슨 말인지 이해합니다.
비전이 뛰어나고, 기술도 뛰어나고, 어린 나이에도
1군 팀 프로 선수들과 어려움 없이 잘 어울렸고. 뭔가
특별한 능력이 있었죠. 아쉽게도 그가 결국에는 레알
마드리드를 선택했죠.

WENGER

이 대화에서 벵거 감독이 외데고르를 본 순간 파브레가스를
떠올렸다는 점에는 묘한 부분이 있다. 훗날 아스널에
입단하게 된 외데고르가 구단과의 첫 인터뷰에서부터,
또 오늘날까지 항상 아스널에서 가장 눈여겨본 선수, 또
자신이 생각하는 최고의 선수 중 한 명으로 늘 꼽는 선수가
다름 아닌 파브레가스이기 때문이다.
외데고르가 아스널 이적에 매우 가까웠다고 주장하는 것은
아스널 측 인물들뿐이 아니다. 사실은, 외데고르 본인이
스스로 그때 아스널 이적에 매우 근접했었다고 고백한

바가 있다. 특히 그는 벵거 감독과 만난 날의 일에 대해서 2023년에 매우
솔직하고 상세하게 회상한 바가 있다.

> 그냥 하는 말이 아니라, 실제로 저는 아스널 이적에 매우 가까웠습니다.
> 런던에 갔을 때 아스널 훈련장에 방문했었고 벵거 감독님과 만났죠. 그는
> 저와 저의 아버지와 함께 저녁 식사를 하러 갔고 그 자리는 저에겐 매우
> 이상했습니다. 그 벵거 감독님과 내가 함께 있다니. 그는 레전드이고 저는
> TV에서 그를 보며 자랐습니다.
> 그런 제가 그와 같이 스테이크를 먹고 있었죠. 저는 너무 긴장이 되어서
> 그 자리에 앉아서 혹시 벵거 감독님이 지금 나를 평가하고 있을까? 내가
> 감자튀김을 먹으면 나를 안 좋게 볼까? 감자튀김은 안 먹어야겠다 이렇게
> 생각했어요. 하하하!

한편, 이 비슷한 시기 북런던의 라이벌 클럽인 토트넘 역시 외데고르
영입에 관심을 가졌고 당시 토트넘 단장이었던 프랑코 발디니가
외데고르의 아버지와 만나기 위해 노르웨이까지 가서 두 사람이 만나 함께
와인을 마시고 스트롬스고드셋 이사진과 만나 대화도 나눴다는 보도도
있다. 아스널 소식에 정통하고 아르센 벵거 감독의 평전을 쓴, 현재는
잉글랜드 축구기자협회(FWA) 회장이기도 한 존 크로스 기자는 2023년
다음과 같이 단독 보도했다.

> 외데고르는 10대에 토트넘에 입단할 수도 있었다. 그러나, 지네딘 지단이
> 직접 나서면서 토트넘행이 무산됐다.
> 외데고르가 아직 스트롬스고드셋에서 뛰고 있을 때부터 토트넘은
> 외데고르 영입에 적극적이었다. 특히 당시 토트넘의 기술이사였던 프랑코
> 발디니는 직접 노르웨이까지 가서 외데고르의 아버지와 직접 만나 함께
> 와인을 마시고 구단의 이사진과 미팅을 가지기도 했다.
> 발디니 단장은 런던으로 돌아온 후 외데고르 영입을 성사시키려고
> 했지만, 그 타이밍에 레알 마드리드가 움직이기 시작했다. 특히, 당시 레알
> 마드리드 B팀 감독이었던 지네딘 지단이 외데고르에게 직접 전화를 걸어
> 그에게 베르나베우로 오라고 권유를 했다.

외데고르가 최종적으로 레알 마드리드를 선택한 과정에 대해 다양한
매체들로부터 다양한 이야기가 나왔지만, 가장 정확한 것은 역시
본인이 직접 밝힌 사정일 것이다. 외데고르는 이 과정에 대해서도
'플레이어트리뷴'에 기고한 글을 통해 직접 밝혔는데, 여기에는 뜻밖의
이름도 등장한다. 외데고르 본인이 직접 밝힌 사유다. 이런 과정을 거쳐서
외데고르는 결국 다양한 빅클럽들, 아스널을 포함한 프리미어리그
클럽들의 관심을 뒤로하고 레알 마드리드로 향했다. 그러나 레알
마드리드에 입단한 후 그의 여정은 기대와는 다르게 흘러가기 시작했다.

그래서 왜 레알 마드리드였냐고요? 우린 가족과 함께 그 일에 대해 논의했어요.

결국에는, 레알 마드리드는 레알 마드리드였죠. 그들은 그 시기에 챔피언스리그 우승 팀이었고

세계 최고의 선수들이 뛰는 팀이었어요. 또, 저는 그때 이스코를 아주 좋아했습니다.

그는 정말 부드럽게 볼을 잘 다루는 선수였죠. 제가 좋아하는 또 다른 유형의 선수였어요.

하지만 가장 중요한 것은 레알 마드리드에는 B팀이 있어서 제가 항상 뛸 수 있다는 점,

그리고, 그 팀의 감독이 지네딘 지단 감독이었다는 점이었습니다.

그 점에서 레알 마드리드는 완벽한 선택처럼 보였어요.

LEGEND
PLAYMAKER

CHARLIE GEORGE | LIAM BRADY | JACK WILSHERE | MESUT OZIL | CESC FABREGAS

세계 최초이자 최고의 축구 리그인 잉글랜드 1부 리그 역사상 3번째로 많은 리그 우승을 차지한 명문 클럽인 아스널의 역사에는 '외데고르의 선배'라고 할 수 있는 위대한 플레이메이커들이 넘쳐난다. 구단 공식 홈페이지에서 2013년 11월에 소개한 자료들을 찾아봐도 찰리 부찬(1925-1928년), 알렉스 제임스(1929-1937)를 시작으로 100여 년 전부터 이미 구단의 역사를 수놓은 레전드 플레이메이커들이 있다. 단, 비교적 현재의 올드팬들의 기억 속에 실제로 남아 있는 1970년대 이후 현재까지를 기준으로 잡아서 살펴보면 아스널 구단 역사에 남은 플레이메이커들, 그리고 외데고르 본인이 직접 늘 강조하는 가장 좋아했던 아스널 출신의 플레이메이커 5명은 다음과 같다. (이 중 1-4번째 선수는 아스널 공식 홈페이지에서 2013년 11월에 선정했던 선수들이며 5번은 외데고르 본인의 '픽'이다.)

CHARLIE GEORGE

1968 — 1975 **179**GAMES **49**GOALS

찰리 조지는 아스널 구단 역사를 소개하는 영상, 다큐멘터리 등에 지금까지도 자주 등장한다. 그는 아주 유명한 장면을 만들어 낸 주인공으로, 1971년 FA컵 우승과 더블을 결정짓는 골을 기록한 후 피치 위에 그대로 눕는 세리머니를 선보인 주인공이다. 소년 시절부터 아스널의 팬으로 성장한 조지는 뛰어난 기술과 힘, 볼 컨트롤 능력을 모두 갖춘 선수였다. 또한 공중전에도 능하고 강력한 오른발 슈팅 능력까지 갖춘 그 시대 최고의 선수 중 하나로, 현재까지도 아스널의 올드팬들이 가장 사랑하는 레전드들 중 한 명이다.

LIAM BRADY

1973 - 1980 307GAMES 59GOALS

아스널 구단은 물론 전문가들이나 팬들로부터 아스널 역대 최고 레전드 최상위에 항상 손꼽히는 1970년대 아스널 최고의 플레이메이커가 바로 리암 브래디다. 17세의 나이에 아스널에서 데뷔한 브래디는 미드필더에게 필요한 모든 재능을 갖춘 선수로 평가받았다. 기술, 비전, 밸런스, 힘, 강력한 슈팅과 마무리 능력, 또 개인기로 상대를 제치는 능력까지. 그리고 무엇보다 매우 영리하고 창의적인 플레이를 할 수 있는 선수였다. 그는 아스널의 1978-79시즌 FA컵 우승을 이끌었고 그해 PFA 선정 올해의 선수를 차지했으며, 클럽의 1979-80시즌 UEFA 유로피언컵위너스컵 준우승 멤버였으며 이후 유벤투스로 이적해 2년 연속 팀의 리그 우승에 일조하기도 했다.

JACK WILSHERE

2008 - 2018 197 GAMES 14 GOALS

16세 256일의 나이로 아스널 구단 역사상 최연소 리그 데뷔 기록을 경신했던 주인공인 잭 윌셔에 대한 아스널 구단의 사랑은 각별하다. (실제로 이 리스트가 2013년에 발표됐을 당시 윌셔는 아직 어린 현역 선수였음에도 이름을 올렸다.) 1군 팀 데뷔 초기 윌셔는 2010/11시즌 챔피언스리그 바르셀로나전에서 당대 최고의 미드필더 사비와 이니에스타를 상대하면서도 밀리지 않는 경기력을 보여 줬고 잉글랜드 대표팀에도 18세에 데뷔하는 등 이탈리아 미드필더 피를로에 비견되며 잉글랜드의 미래가 될 선수로 각광받기도 했다. 다만 부상으로 2011/12시즌 전체를 날리는 등 불운과 악재가 겹치며 아스널 팬들이 두고두고 아쉬워할 '비운의 천재'로 남게 됐다.

MESUT OZIL

2013 - 2021 254 GAMES 44 GOALS

2013년 여름 이적 시장 마지막에 아스널 최고 이적료를 경신하며 레알 마드리드에서 아스널로 이적한 메수트 외질은 그 이적 자체로 아스널 팬들에게 엄청난 기대를 안게 해 준 선수였다. 2010 월드컵 우승 당시 최고의 활약을 한 선수였고 그 후 레알 마드리드에서도 월드클래스급 패스, 볼 컨트롤 능력을 보여 준 선수였기 때문이다. 외질은 아스널 입단 후 떠날 때까지 4차례의 FA컵 우승을 포함해 아스널이 9년간 이어진 무관을 탈출하는 데 기여했다. 패스, 어시스트에 관련된 많은 통계에서 최상위권 기록을 남기기도 했다.

CESC FABREGAS

2003 - 2011 **303**GAMES **57**GOALS

위에 소개한 네 명의 선수와는 달리 2013년 11월 아스널 공식홈페이지에서 소개한 선수들 명단에는 포함되지 않았지만, 이 책의 주인공인 외데고르가 가장 좋아하고 영감을 받은 아스널 선수로 항상 꼽는 파브레가스 역시 아스널에서 어린 주장으로 활약하며 하나의 시대를 이끌어 가던 플레이메이커이자 리더였다. 아스널이 무패 우승 이후 에미레이츠 스타디움 건축으로 인한 재정난이 본격화되며 팀의 대대적인 재편이 불가피했을 때 티에리 앙리가 바르셀로나로 떠나게 되었다. 그 이후 젊은 유망주 선수들로 우승에 도전하는 벵거 감독의 새로운 프로젝트 중심에 있었던 선수다. 이 과정에서 중앙 미드필더로서도, 때로는 공격형 미드필더로 자신이 직접 골을 결정짓는 과정에도 모두 뛰어난 활약을 보여 줬으며 이런 면으로 인해 외데고르가 지금까지도 아스널에 오기 전 가장 좋아했던 아스널 선수로 첫 손에 꼽는 것이 바로 파브레가스다.

En La Liga

많은 이가 잠재성이 풍부한 여러 축구 재능들을 알고 있다.
나는 그중에 외데고르를 가장 먼저 언급하고 싶다.
그는 16세 어린 나이에도 이미 훌륭한 축구 선수다.
미래가 더 기대된다.

_ 크리스티아누 호날두

01

레알 마드리드 입단, '아웃사이더'가 된 천재

2015년 1월 21일, 레알 마드리드는 외데고르의 영입을 공식 발표했다. 이적료는 공식적으로 밝히지 않았지만, 스페인 언론에서는 약 300만 유로라고 보도했고, 노르웨이 언론에서는 그보다 조금 높고, 최대 800만 유로 정도까지 인상될 수 있는 부대옵션이 포함됐다고 보도했다. 외데고르는 레알 마드리드 입단 직후 구단과의 인터뷰를 통해서 다음과 같이 말했다.

꿈이 이뤄진 것 같은 순간이다. 세계 최고의 클럽에 내가 입단했다는 것이 믿기지 않는다. 엄청난 영광이다.

외데고르의 입단을 발표하면서, 레알 마드리드는 외데고르가 1군과 2군 팀에서 동시에 훈련을 받게 될 것이라 공표했다. 당시 레알 마드리드 2군 팀 카스티야는 유럽 최고의 레전드 미드필더 출신인 지네딘 지단이 감독으로 이끌고 있었다.
레알 마드리드에 입단하던 날에 대해서 외데고르는 아주 생생히 기억하고 있고 이후 레알 마드리드를 떠나 아스널에 완전 입단한 후 당시를 회상하며 가진 인터뷰에서 다음과 같이 회상했다.

레알 마드리드와 계약을 하러 가는 날 집에서 아침 일찍 일어났습니다. 그 탓에 머리도 붕 뜬 상태로 자동차에서 계속 자면서 공항에 와 비행기에 탔는데 마드리드 공항에 도착하자마자 구단에서 저를 마중 나와 훈련장으로 데리고 갔습니다.

그래서 저는 붕 뜬 머리카락을 정리하면서 훈련장으로 갔고 거기에 도착하고 나니 마치 아주 중요한 기자회견장에 아기가 참석한 것 같은 모습이었어요. 그때까지 인생에 가장 중요한 날이었는데 아침에 샤워도 못 한 상태로 기자회견에 참석한 것이죠. 그런데 레알 마드리드의 사람들은 저의 느낌으로는 그런 저의 부끄러움을 타는 모습이나 평범한 모습을 오히려 좋게 본 것 같았고 저를 배려해 주려고 노력했습니다.

외데고르가 레알 마드리드에 도착했을 무렵, 레알 마드리드에는 세계 최정상의 스타 중 한 명인 크리스티아누 호날두와, 당대 최고의 미드필더였던 모드리치, 크로스 등이 뛰고 있었다. 그들과의 첫 만남에 대해 외데고르는 다음과 같이 말했다.

처음 레알 마드리드의 훈련장에 갔을 때는 모든 것이 비현실적이었어요. 호날두, 라모스, 모드리치, 이스코, 베일, 벤제마 등등. 그저 그들이 과연 드레싱룸에서 나를 어떻게 대해 줄까 하는 생각뿐이었죠. 하지만 실제로 이들은 매우 친절했습니다. 특히 그중에서도 영어를 할 수 있는 선수들이었던 모드리치, 크로스, 호날두 등이 저를 많이 보살펴 줬어요. 처음에는 매우 어색했지만, 저는 빠르게 적응했고 지금 돌아보면 그때 새로운 환경을 만나고 그에 적응하고 또 그러면서 겪었던 고생들도 이후 현재의 저라는 선수를 만드는 데 도움이 되었던 것 같습니다.

이후 외데고르는 2015년 2월 8일에 카스티야 공식 데뷔전을 가졌다. 세군다
디비전 B에서 아틀레틱 빌바오와 2 대 2 무승부 경기. 2주 후인 2월 21일에는,
카스티야에서 첫 골을 기록했다. 이 경기에서 골 이외에 득점으로 이어진 크로스도
기록했다. 경기 후 외데고르는 첫 골을 기록한 것에 대한 기쁨과 함께 지단 감독에
대한 만족과, 1군 훈련과 2군 경기를 병행할 수 있는 사실에 대한 만족을 드러냈다.
그러나 바로 이 지점이 장기적으로는 그에게 오히려 부정적으로 작용하기 시작한다.
문제가 발생하기 시작한 것은 그 후부터였다. 4월에 접어들어 카스티야가 4연패를
당하는 분위기 속에서 외데고르는 선발 명단에서 제외되기 시작했고 4월 29일에는
1군 팀에 베일, 벤제마 등 다수의 부상자가 발생한 상황에서 1군 팀 명단에 이름을
올리긴 했지만, 3 대 0으로 이긴 경기에서도 출전하지 못하고 벤치에서 경기를
지켜봤다.
이후 5월 23일에, 시즌 최종전 후반전에 호날두와 교체되며 레알 마드리드 역사상
최연소 데뷔 기록을 경신(16세 157일)하기 하지만, 그 당시 4월-5월 기간이
외데고르가 레알 마드리드에서 축구 선수로서 겪은 첫 번째 시련이었다.
당시 외데고르에게는 1군 팀과 훈련하고 2군 팀에서 경기를 한다는 것 자체의 문제,
언어 적응 등의 문제가 있었다. 1군 팀과 훈련하며 2군 팀에서 경기를 한다는 건
이론적으로는 좋아보이지만, 결과적으로는 아직 매우 어린 나이의 선수였던 그가
두 팀 모두에 제대로 속하지 못하고 겉도는 것 같은 결과를 초래하게 된 것이다. 또
아직 어린 그에게 걸려 있던 너무 높은 기대치 등이 모두 문제로 작용했다. 외데고르
본인의 당시에 대한 회상이다.

B팀에 가면 제가 그들과 항상 함께 있지 않기 때문에 유대감을 느끼기가 어려웠고
1군 팀에 가면 제가 아직 어린 꼬마에 불과한 느낌이었습니다.
뭔가 제가 아웃사이더가 된 것 같은 느낌이었죠.
그 둘 사이에 애매하게 끼어 있는 느낌이었습니다.
그 결과 제가 그때까지 했던 것처럼 특징 있는 플레이를 하지 못하고
너무 안정적으로 뛰려고 했던 것 같아요.
저의 플레이를 하기보다 '실수를 하면 어떻게 하지'라는 걱정을 먼저 했죠.
저는 경기에서 차이를 만들어 내야 하는 선수이고,
과감한 패스를 해야 하는 선수인데 그런 것이 모두 어려웠어요.

레알 마드리드 이적 후 맞이한 두 번째 시즌이자 첫 풀 시즌이었던 2015/16시즌
외데고르는 카스티야에서 꾸준히 출전했지만 1군 팀에서의 기회는 제한적이었다. 그가
레알 마드리드 1군 팀에서 처음 선발 출전한 것은 2016년 11월 30일에 코파델레이
32강전에의 일이었고, 이는 레알 마드리드에 입단한 후 679일이 지난 뒤의 일이었다.
물론, 자신의 소속 팀이었던 카스티야에서 팀의 우승에 큰 기여를 하긴 했지만, 이미
15세에 1군 무대에 데뷔했고 국가적인 관심을 받던 대형 유망주인 그는 언제까지나
2군 팀에서 만족할 수 없었고 1군 팀에서의 경험이 필요했다. 결국 그렇게 시간이
흘러가던 2017년 1월 10일, 레알 마드리드가 외데고르의 임대 소식을 발표했다.
레알 마드리드에서 2년을 보낸 후, 외데고르는 스페인을 떠나야겠다고 결심을 하게
됐다. 그가 그 결정을 하게 된 가장 큰 이유는 "축구 선수로서 성장이 멈춘 것 같다"고
느꼈기 때문이다. 종합적으로 2017년 1월에 헤렌벤으로 임대를 떠나기 전까지
외데고르는 카스티야에서 58경기를 뛰었다.

02 시련과 반전, 네덜란드 임대 시절

2017년 1월, 외데고르는 네덜란드 클럽 헤렌벤으로 임대를 떠났다. 이후 이어질 긴 임대 여정의 시작이었다.

외데고르가 임대 행선지로 네덜란드를 선택한 것에 대해 그의 당시 에이전트이자 노르웨이 대표팀 수비수 출신인 토르 페데르센이 뉴욕타임즈와의 인터뷰에서 "네덜란드와 노르웨이는 문화가 비슷하고 적응하기도 수월하다, 실제로 헤렌벤에서 스칸디나비아 출신 선수들이 잘 적응한 적도 많다"며 선택의 배경에 대해 설명했다.

헤렌벤에서 19번째 생일을 보낸 외데고르의 헤렌벤 시절 중 첫 번째 시즌은 기대처럼 순탄하게 흘러가지 않았다. 시즌 중반에 팀 자체가 좋은 성적을 거두지 못하자 당장 시즌을 잘 마무리할 필요가 있었던 당시 감독 위르겐 스트레펠이 외데고르를 벤치에 두고 후반전 종료 전에 잠깐씩 투입하는 경우가 점점 많아졌던 것이다. 그런 현상은 특히 시즌 후반으로 갈수록 많아졌다.

그는 결국 이 시즌에 리그와 컵 대회를 포함하면 총 17경기에 출전했고, 그중 유로파리그 플레이오프 위트레흐트전에서 1골을 기록했다. 헤렌벤에서 보낸 첫 시즌이 끝난 후, 그는 노르웨이 방송국 TV2와의 인터뷰에서 이렇게 말했다.

1군 레벨에서 뛸 필요가 있었기에 레알 마드리드에 머물지 않고 임대를 왔습니다.
이곳에서 매일 최고 수준의 훈련을 받고 있고 첫 시즌이 끝났지만
아직 임대 기간은 1년 남아 있습니다.
저는 제가 옳은 결정을 내렸다고 생각합니다.
이 팀은 젊은 선수들의 발전에 큰 도움이 되는 팀입니다.
원소속 팀인 레알 마드리드에서 더 많은 기회를 갖고 싶은 건 사실이지만,
지금 바로 그러긴 힘들다는 걸 알고 있습니다.
그래도 저는 세계 최고의 클럽에서 훈련할 기회를 가졌었고
그들은 지금도 저에게 믿음을 갖고 있습니다.
지단 감독님과 직접 대화를 자주 나누진 않지만,
스카우트팀 팀장님과 연락을 나누고 있고,
그들이 저의 경기를 유심히 관찰하고 있습니다.

외데고르는 말보다 행동으로
보여 주는 스타일의 선수다.
그는 매우 똑똑하고 보통의 선수들보다
뛰어난 비전을 갖고 있다.
그래서 뭔가 그에게서
보이는 것이 있다면
그에게 말하면 그걸로 통했다.

헤렌벤에서 맞이한 두 번째 시즌인 2017/18시즌부터 상황이 조금씩
개선되기 시작했다. 우선 팀 자체 성적도 직전 시즌보다 훨씬 좋아졌고 그에
따라 팀을 좀 더 안정적인 상황에서 운영할 수가 있게 됐다. 자연스럽게
나이가 어리지만 뛰어난 재능을 가진 유망주 선수들에게도 기회가 돌아갔고
그중 대표적인 선수들이 외데고르와 21세 라이트백 덴젤 덤프리 등이었다.
이 무렵부터 외데고르는 출전하는 경기마다 평균 1회 이상은 키패스를
만들어 내기 시작했다. 이 시기 경기 장면을 직접 찾아보면 외데고르는
주로 오른쪽 윙 자리에서 출전했지만, 클래식한 윙어의 역할을 하기보다는
측면에서부터 경기를 풀어 나가는 플레이메이커로서의 역할을 좀 더
부여받았다. 측면에서 중앙으로 들어오면서 왼발로 날카로운 패스를 이어
주는 등의 플레이가 가장 주효했다. 당시 외데고르의 활약상을 지켜본 현지
언론에서는 그의 플레이를 맨시티 시절 다비드 실바와 비교하기도 했다. 그
시기의 외데고르에 대해 헤렌벤의 주장이자 네덜란드 대표팀에서도 활약한
스테인 스하르스는 이렇게 말했다.

헤렌벤에서 첫 번째 시즌보다 두 번째 시즌에 훨씬 더 발전한 모습을 보인 외데고르는 시즌 종료 후
에이전트, 구단과의 논의 후에 레알 마드리드에서 뛰기에는 아직 부족했지만, 레알 마드리드가 외데고르를
팔고 싶진 않아 했기 때문에 한 번 더 임대를 가게 됐다. 다음 행선지는 같은 네덜란드 리그의 다른 구단인
비테세였다. 그리고 이곳에서 본격적으로 외데고르의 잠재력이 1군 무대에서 빛을 보기 시작한다.
헤렌벤 시절, 특히 두 번째 시즌부터 점점 상승세를 타기 시작한 외데고르는 두 번째 임대 행선지였던
비테세에서 서서히 본격적으로 자신의 능력을 1군 축구팀 무대에서 보이기 시작한다. 이 시즌 외데고르는
한 시즌 전에 마찬가지로 비테세에서 좋은 활약을 했던 메이슨 마운트의 빈자리를 채우는 좋은 활약을
했는데, 주로 오른쪽 윙어 포지션에서 출전해서 첫 시즌에 팀 최고의 선수는 물론 리그 내에서도 가장
주목받는 선수 중 한 명으로 발돋움했다.
외데고르가 좋은 활약을 보이면서 비테세는 챔피언스리그 순위권에 도전하기도 했고, 그는 에멘전에서
과감한 프리킥으로 직접 득점을 올리기도 했다. 빌렘전에서는 한 경기에 6번의 키패스를 기록했고 직접
골까지 기록하며 팀의 3 대 2 승리를 이끌기도 했다.

이 시즌 비테세는 4-4-2 포메이션을 주로 썼고 외데고르는 오른쪽 윙어로 더 많이 뛰면서 공격형 미드필더와도 같은 역할을 동시에 수행하기도 했다. 특히 리그 내에서 빠른 볼처리와 뛰어난 기술적인 능력으로 높은 평가를 받았고 이 시즌 직접 프리킥으로만 두 골을 기록하기도 했다. 시즌이 순조롭게 흘러가면서 그는 언젠가 레알 마드리드 1군에서 뛰고 싶다는 의지는 변함 없다는 걸 강조하면서도 소속 팀에 대한 애정과 의지를 보이기도 했다.

비테세 임대는 퇴보가 아니다. 정상으로 오르기 위한 일 보 전진이다. 항상 다음 단계로 나가기 위한 최고의 팀에 왔다고 느끼고 있다.

특히 이 시즌은 맹활약했던 프렝키 데 용 등 아약스 선수들이 축구계의 큰 관심을 받은 시즌인데, 실제로 같은 시즌에 외데고르는 찬스 메이킹 지표에서 아약스의 하킴 지예흐 등과 함께 리그 최정상의 선수였다.
비테세에서 보낸 2018/19시즌, 외데고르는 총 11골, 12 어시스트를 기록했고 팬들이 선정한 투표에서 42%의 표를 받아 비테세 올해의 선수에 선정되기도 했다. 또, 그는 이 시즌 (2018/19시즌) 네덜란드 리그에서 공식 선정한 올해의 팀에 선정된 유일한 비(非)아약스 & PSV선수였다. 레오니트 슬루츠키 당시 비테세 감독은 외데고르에 대해 이렇게 말했다.

외데고르는 정신적으로 매우 강한 선수다. 자신감도 **뛰어나고 일관성도 갖추고 있다. 자기관리를 잘하며 프로 의식이 매우 뛰어나다. 어떨 때는 거의 로봇 같기도 하다. 그는 내가 본 선수들 중 가장 높은 프로 의식을 갖고 있다.**

이 시기의 외데고르에 대해 흥미로운 하나의 분석은 디애슬레틱에서 운영하는 세계 최고의 축구 유튜브 채널인 티포 풋볼(Tifo football)에서 2020년에 이미 외데고르의 찬스 메이킹 기록과 플레이 스타일에 대해 분석하면서 아스널에서 뛰고 있던 메수트 외질과 유사한 점이 많다고 비교한 바가 있다는 것이다. 이 영상에서 '티포'는 외데고르가 외질, 메시와 유사한 유형의 선수라고 평가하며 특히 외질과 비교할 때 좀 더 빠르고, 드리블이 빠르지만 패스 능력은 아직 덜 완성됐다는 평가를 하기도 했다. 훗날 외데고르가 아스널로 이적해서 외질의 뒤를 잇는 플레이메이커로 활약하게 된다는 점을 감안하면 재미있는 분석이다.
한편, 헤렌벤, 비테세에서 보낸 시절에 대해 외데고르는 자신이 크게 성장한 시기였다며 지금도 감사함을 느끼고 있다는 소감을 밝힌 바 있다.

(피파 게임) 커리어 모드에서 레알 마드리드에 있다가 헤렌벤으로 가면,
보통은 뭔가 잘못됐다고 느끼겠지만 저의 경우는 정말 환상적인 경험이었습니다.
저는 헤렌벤, 비테세 두 클럽에 많은 빚을 졌습니다.
헤렌벤에서는 사람으로서 발전할 수 있었고, 비테세에서는 선수로서 발전했죠.
헤렌벤에서 지내던 시절 저는 운전면허를 땄고 저 자신이 되는 방법과 책임을 지는 방법을 배웠습니다.
비테세에서는 레오니드 슬루츠키 감독을 만났는데 그는 정말 좋은 감독이었어요.
항상 저를 믿고, 저에게 더 마법 같은 플레이를 하라고 격려해 주었죠.
그는 저의 빠른 의사결정과 팀워크를 향상시켜 줬습니다.

2018 ⓔ 2019

DUŠAN
TADIĆ
두샨 타디치

LUUK
DE JONG
뤽 데 용

HAKIM
ZIYECH
하킴 지예흐

FRENKIE
DE JONG
프렝키 데 용

LASSE
SCHONE
라세 쇠네

MARTIN
ØDEGAARD
마르틴 외데고르

ANGELINO
양헬리뇨

DALEY
BLIND
데일리 블린트

MATTHIJS
DE LIGT
마테이스 더리흐트

DENZEL
DUMFRIES
덴절 덤프리스

ANDRÉ
ONANA
안드레 오나나

KAMPIOEN ERE

UITESSE

비테세 임대 경력을 가진 프리미어리그 3인방

COLUMN 외데고르의 재능이 1군 무대에서 세계적으로 인정 및 주목받기 시작한 시점은 라리가 클럽 레알 소시에다드에서부터이지만, 실제로 주목도가 덜했을 뿐, 그는 네덜란드 리그에서 두 번째 팀이었던 비테세에서부터 이미 본격적으로 두각을 드러내기 시작했다. 그런데, 이 비테세에서 임대 생활을 거쳐 프리미어리그에서 스타가 되었거나, 커리어 중 한때 비테세에서 임대 생활을 했던 선수들이 유독 많고, 특히 그중에서도 3명의 선수는 앞으로도 오랫동안 프리미어리그 팬들이 볼 수도 있는 선수들이다. 그렇다면 이 세 선수는 누구인지, 또, 비테세라는 클럽은 어떤 클럽인지에 대해 살펴본다.

메이슨 마운트

2 0 1 7 - 2 0 1 8

비테세 올해의 선수 + 네덜란드 리그 베스트 팀 선정. 총 39경기 출전, 14골. 외데고르가 비테세에 입단하기 바로 전 시즌에 비테세에는 이미 매우 성공적인 임대 선수 성공 사례가 있었다. 그 주인공은 첼시를 거쳐 현재 맨유에서 활약 중인 메이슨 마운트다. 그리고 이때 마운트가 보여 준 비테세에서의 활약이 훗날 그가 맨유의 텐하흐 감독과 다시 맨유에서 만나는 데 '일조'하기도 했다. 2017년 8월 26일 AZ전에서 데뷔전을 가진 마운트는 점점 출전 시간을 늘려 갔는데 처음 그가 네덜란드 무대에서 큰 임팩트를 남긴 경기는 2017년 10월 1일 위트레흐트전이었다. 그리고 이때 위트레흐트의 감독은 다름 아닌 현 맨유 감독인 텐하흐 감독이었다. 비테세가 0-1로 끌려가던 후반전 30분경에 교체 투입된 마운트는 투입 직후 얼마 지나지 않아 텐하흐 감독이 지켜보는 앞에서 동점골을 터뜨렸다. 이 경기 이후 감독의 신임을 받기 시작한 마운트는 시즌 중반기부터는 서서히 확실한 주전 선수로 자리매김했고 모든 대회를 통틀어 14골 10어시스트를 기록하며 팀의 유로파리그 플레이오프행에 큰 기여를 했다. 유로파리그 플레이오프 첫 경기에서 마운트는 해트트릭을 기록했고, 이후 플레이오프 결정전에서 다시 한번 위트레흐트를 만나 1차전에서 또 한 번 골을 기록했다. 결국 마운트와 함께 비테세는 그다음 시즌 유로파리그 진출을 확정지었고, 이렇게 팀의 성공적인 시즌에 결정적인 기여를 한 마운트는 에레디비시 올해의 팀, 비테세 올해의 선수에 선정되며 매우 성공적인 임대 기간을 마쳤다.

 비테세라는 클럽은? 1892년 창단하여 132년의 역사를 가진 유서 깊은 구단. 네덜란드 겔덜란트주 주도인 아른험을 연고로 하는 구단으로 네덜란드 KNVB Cup에서 2017년 우승을 차지했다. (2023/24시즌에 2부 리그로 강등.) 비테세 출신 스타 필립 코쿠(1990-1995), 로이 마카이(1993-1997) : 비테세에서 1군 데뷔, 윌프레드 보니(2011-2013) : 여기서 맹활약 후 스완지 이적

도미닉 솔란게

현재 맨유에서 뛰고 있는 마운트, 아스널의 주장인 외데고르 외에 최근 토트넘으로 이적한 공격수 도미닉 솔란게 역시 비테세에서 활약한 경력이 있는 선수다. 솔란게는 첼시 유소년 팀 시절 엄청난 득점력으로 큰 기대를 받던 대형 유망주였다. 그러나 1군 경쟁이 치열한 첼시 1군 팀에서 출전 기회를 받기가 어려워지자 첼시는 솔란게를 비테세로 임대 보내 1군 팀 경험을 쌓도록 했다. 그는 비테세에서 가진 첫 15경기에서 5골을 기록하며 좋은 출발을 보였고, 비테세에서의 활약을 토대로 11월에는 잉글랜드 U-21 팀에 처음 소집되기도 했다. 이후 그는 총 25경기에서 7골을 기록하며 시즌을 마친 후 첼시로 복귀한 후 리버풀, 본머스를 거쳐 이제 토트넘에 입단하게 됐다.

마르틴
외데고르

외데고르의 비테세 임대 기간은 본문에
서 살펴본 바와 같다. 그는 모든 대회에서
11골, 12어시스트를 기록하며 한 시즌
전 메이슨 마운트와 마찬가지로
10대의 임대 선수임에도 비
테세와 네덜란드 리그에
서 팀의 주역으로서
맹활약을 보이며
그 가능성을
인정받았다.

1 2019년 4월,
리그 이달의 선수에 선정된 외데고르

비테세에서 보낸 시즌, 외데고르의 활약은 후반기로 갈수록 좋아졌는데, 이는 그가
남긴 기록에도 그대로 반영되어 있다. 특히 그는 2019년 4월에 에레디비시 이달의
선수에 선정됐는데, 이 달에 그는 AZ, PSV, 위트레흐트, 아약스를 상대로 뛰며
1골 3어시스트를 기록했으며, 리그 내 최다 기회창출(18회), 최다 드리블 성공(28회)
기록까지 만들었다. 그는 2019년 1월부터 4월까지 4개월 동안 최다 기회창출(61회),
최다 드리블 성공(58회)을 기록하기도 했다. 또, 외데고르는 바로 다음 달인 2019년
5월에도 리그 최다인 12번의 기회창출을 기록하며 이달의 선수상 다음으로 훌륭한
활약을 보인 선수에게 주어지는 '이달의 재능상'에 선정되기도 했다.

2 프렝키 데 용 VS 외데고르
리그 최고의 선수에 선정된 선수는?

한편, 외데고르가 비테세에서 눈부신 활약을 보이며 아약스, PSV 선수를 제외하고
유일하게리그 공식 선정 시즌 베스트 11에 선정됐던 이 시즌, 리그 공식 선정 시즌
최고의 선수에 선정된 선수는 다름 아닌 아약스의 프렝키 데 용이었다. (외데고르는
리그 공식 베스트11에 더해 비테세 팬들이 선정한 비테세 올해의 선수에 선정) 당시 아직 어린
22세의 선수였던 데 용은 이 시즌 전체를 통틀어 75.3%의 드리블 성공률과 91.2%의
패스 성공률을 기록했고 이달의 선수상도 두 차례 차지하며 리그 내 최고의 선수로
발돋움했고, 그보다 한 살 어린 나이로 같은 시즌에 리그 내 정상급 활약을 보여
준 외데고르에 대해 프렝키 데 용과 견줄 수 있는 선수라는 평가나, 유럽 현지팬들
사이에서 두 선수를 직접 비교하는 반응도 이 시기에 쉽게 찾아볼 수 있었다.

3 네덜란드로 임대 가는 유망주들의
'롤모델'이 된 외데고르

한편, 네덜란드에서 보낸 임대 기간 중 뛰어난 활약을 보인 외데고르는 그 이후,
자신과 같이 네덜란드로 임대 오는 유망주 선수들에게 훌륭한 본보기로 남게 됐다.
크로아티아 출신으로 바이에른 뮌헨의 기대주이자 2024/25시즌에는 마인츠로 임대
중인 유망주 가브리엘 비도비치는 2022/23시즌 비테세로 임대되기 전 인터뷰에서
같은 팀에서 성공적인 임대기간을 보냈던 외데고르와 마운트가 자신에게 '빛나는
본보기'라며 "두 선수를 모두 매우 존중하지만 아직 그 선수들과 나 자신을 비교하고
싶지는 않다"라고 말하기도 했다.

재능이 만개하다, 레알 소시에다드 시절

2019년 7월 5일, 2019/20 시즌을 앞두고 외데고르의 다음 행선지가 발표됐다. 같은 라리가 클럽인 레알 소시에다드가 그 행선지였다. 네덜란드의 두 클럽 헤렌벤과 비테세에서, 특히 헤렌벤에서의 두 번째 시즌부터 서서히 기량을 보여 주기 시작하다가 비테세에서 리그 정상급 활약을 했던 외데고르는 세계 최고의 리그 중 하나인 라리가에서 마침내 자신이 축구계 톱 레벨에서 통할 수 있는 선수라는 걸 증명하게 된다.

8월 25일, 마요르카 원정 경기에서 첫 라리가 골을 기록한 외데고르는 8월에 있었던 발렌시아, 마요르카, 아틀레틱 빌바오전에서 좋은 활약을 보여 주며 팬들이 선정한 레알 소시에다드 8월 최고의 선수에 선정됐다.

특히 이 시기에 외데고르가 라리가에서 자신의 진가를 제대로 보여 줬던 첫 경기는 9월 27일에 있었던 알라베스전이었다. 이 경기에서 외데고르는 선제골 어시스트를 포함한 한 경기에서 무려 '10회'의 키패스를 기록하며 팀이 3연승에 이어 라리가 2위에 오르는 데 일등 공신이 됐다. 특히 이때 외데고르가 기록한 한 경기 10 키패스는 2016/17시즌 이후 한 경기 최다 기록이었다.

결국 네덜란드의 두 클럽에서 임대 생활을 마치고 스페인 무대로 돌아온 외데고르는 9월에는 라리가 이달의 선수상을 수상하며 자신의 원소속 팀 레알 마드리드가 속한 같은 리그이자 세계 최정상의 축구 리그에서도 자신이 최고의 선수가 될 수 있는 기량을 갖췄다는 것을 보여줬다.

이후에도 꾸준히 좋은 활약을 보였던 외데고르가 또 한 번 뛰어난 활약을 보였던 경기는 다름 아닌 레알 마드리드의 최대 라이벌 바르셀로나전이었다. 그는 이날 세계 최고의 클럽 중 하나이자 전통적으로 중원이 강한 바르셀로나를 상대로 전혀 밀리지 않는, 오히려 바르셀로나의 중원을 상대로 자유자재로 플레이하는 모습을 보여 주며 더더욱 레알 마드리드에서도 뛸 수 있는 선수라는 기대를 이끌어 냈다. 또 한 차례, 외데고르가 레알 소시에다드에서 가장 임팩트를 남겼던 경기는 다름 아닌 자신의 원소속 팀인 레알 마드리드를 상대로 가졌던 코파델레이

8강전에서였다. 이날 그는 직접 선제골을 기록하며 팀의 4 대 3 승리를 이끌며 임대 선수가
원소속 팀의 탈락에 결정적인 기여를 하는 장면을 연출하기도 했다. 다만, 외데고르는 이날 득점
후 의도적으로 아무런 세리머니를 하지 않았다. 그날의 경기에 대한 외데고르 본인의 말이다.

그날은 정말 특별한 날이었고 행복한 날이었습니다. 하지만 (득점을 했을 때) 저는 전혀
움직이지 않았어요. 가만히 서 있었죠. 잠시 후에 동료 선수가 저에게 다가와서 저를 번쩍
들어 올린 기억이 있는데 그때도 저는 아무 동작도 취하지 않았습니다. 경기 전에 그 일에
대해 생각한 적이 있었는데, 혹시라도 제가 레알 마드리드를 상대로 골을 기록하더라도 레알
마드리드를 존중하고 싶었어요. 저의 원소속 팀이니까요. 그게 옳은 일이라고 생각했습니다.

이 시절에 대한 외데고르 본인의 말에 의하면, 최초에 원소속 팀인 레알 마드리드와 레알
소시에다드 사이에는 외데고르의 임대를 2년 동안 하기로 한 약속이 있었는데, 다만 레알
마드리드가 1년 후에 그를 복귀시킬 수 있는 권리를 갖고 있었다. 당시 레알 마드리드의
감독이었던 지단이 직접 외데고르에게 전화를 걸었고, 외데고르의 복귀를 원한다는 뜻을
밝혔다. 그 당시의 상황에 대해 외데고르는 훗날 아스널로 이적한 후 인터뷰에서 솔직하게
자신의 생각을 털어놨다.

그때는 솔직히 조금 힘들었습니다.
지단 감독님이 제게 전화를 걸어서 복귀를 원한다고 했었는데
팀에 복귀한 후 첫 두 경기를 뛴 후로는 별로 경기에 나서질 못했어요.
원래 계획은 레알 소시에다드에서 2년을 뛰는 것이었습니다.
그래서 에이전트와 12월에 그 상황에 대해 대화를 나눴습니다.
에이전트가 저를 침착하게 만드느라 애썼죠.
임대를 취소하고 원소속 팀에 돌아왔다가 5, 6개월 만에
다시 임대를 떠나야 하는 상황이 됐기 때문입니다.
그때 저의 에이전트는 이미 아스널과 연락을 취하고 있었고,
그래서 레알 마드리드에서 계속 이런 기분을 느끼던 어느 날
그에게 아스널에 연락을 해 달라고 부탁했습니다.

이런 상황 속에서 외데고르는 결국 레알 마드리드로 복귀하게 됐지만,
떠나기 전 레알 소시에다드에서 총 36경기에서 7골을 기록하며 팀의 6위
리그 마무리와 유로파리그 진출에 큰 기여를 했다. 시즌이 종료된 후 레알
소시에다드에서는 외데고르의 활약에 대해 구단 공식 성명을 내고 감사의
마음을 표했다.

　　짧은 기간에 외데고르가 한 것처럼 큰 인상을 남기는 것은 쉽지 않다.
　　하지만 외데고르는 그걸 해냈다. 그는 레알 마드리드로 돌아가지만 우리는
　　그가 잊지 못할 이 시즌에 우리와 함께해 준 일을 결코 잊지 않을 것이다.

외데고르 역시 작별 인사문으로 화답했다.

　　레알 소시에다드의 셔츠를 입고 많은 훌륭한 기억을 남겼고, 코파델레이
　　결승에 진출하고, 유로파리그에 진출한 것은 특히 기억에 남습니다. 이제
　　작별의 인사를 해야 하지만, 저는 영원히 레알 소시에다드의 팬으로 남을
　　것입니다.

1 이달의 선수상 기념, '대형 생선'을 선물 받은 외데고르, 그 사연은?

외데고르는 라리가에서 맞이한 2019/20시즌 두 번째 달이었던 9월에 라리가 이달의 선수에 선정됐다. 이는 그가 전 소속팀이었던 (원소속팀인 레알 마드리드를 제외하고) 비테세에서 보낸 시즌 말인 4월에 이달의 선수상, 5월에 이달의 재능상을 수상했다는 점을 감안하면 그가 이 시기에 얼마나 지속적이고 빠르게 성장했는지가 기록으로 증명되는 대목이다. 이 기간 중에 외데고르는 팀의 4경기 중 3승을 이끌었고, 라리가 공식 홈페이지에서도 이때의 외데고르에 대해 "그의 비전, 드리블 실력, 재능은 산 세바스티안 구장의 홈팬들의 마음을 단숨에 사로잡았다"고 호평하기도 했다. 한편, 외데고르는 이 시기에 그의 지금까지의 커리어 중 가장 독특하다고 할 수 있고, 또 그의 다큐멘터리 영상을 보다 보면 자주 등장하는 '생선샷'을 찍게 되기도 하는데, 그 사연은 이렇다. 외데고르가 이달의 선수상을 수상한 후, 그의 팀인 레알 소시에다드는 그에게 연고지에 있는 한 대형 슈퍼마켓에 마련한 행사장에서 대형 생선을 선물로 주는 나름의 '시상식'을 진행했다. 이는 당시 레알 소시에다드의 스폰서 중 하나가 쇼핑몰을 운영 중이었기에 마련된 행사였던 것이다. 매우 특이한 일이라고 생각할 수도 있지만, 이는 레알 소시에다드의 나름의 전통으로 이어지고 있다. 레알 소시에다드에서 뛰었던 알렉산더 이삭도 바스크산 고기를 상으로 받은 적이 있고, 일본 출신으로 같은 클럽에서 매우 좋은 활약을 했던 타케후사 쿠보도 클럽 시즌 최우수 선수상을 받은 후에 바스크산 고기를 선물 받고 기념사진을 촬영한 바 있다.

2 레알 소시에다드 & 아스널에서 함께 뛴 동료의 말

한편, 레알 소시에다드 시절 외데고르가 함께 뛰었던 동료들 중에는 현재 아스널에서 그와 재회하여 함께 뛰고 있는 선수도 존재한다. 프로 선수로서의 커리어 중 가장 하이라이트를 레알 소시에다드에서 보낸 스페인 출신의 미드필더 미켈 메리노가 그 주인공이다. 메리노는 외데고르와 함께 레알 소시에다드와 뛰었던 시기의 기억에 대해 최근인 2024년 10월 영국 언론들과의 인터뷰에서 다음과 같이 말했다. "레알 소시에다드 시절 그를 보면서 정말 재능이 뛰어난 어린 선수라고 생각했습니다. 10번 자리에서 마법 같은 모습을 보여 주는 선수였죠. 저는 그 당시 8번 역할을 많이 수행했는데, 그가 저의 일을 훨씬 수월하게 만들어 주곤 했어요. 그의 턴이나, 빠른 플레이가 제 플레이를 훨씬 수월하게 해 줬죠. 제가 보내는 패스를 훨씬 더 좋은 플레이로 만들어 주기도 했고요. 그 후로 그가 지금까지 얼마나 잘 발전했는지를 보면 놀랍습니다. 이제 그는 성인이 됐고, 팀의 주장이자 리더이고 훨씬 더 성숙해졌다는 것을 느낄 수 있습니다. 그의 말, 행동 모든 면에서요."

" 이미 외데고르는 아스널의 리더다. "

미켈 아르테타

In

Premier League

레알 마드리드와의 갈등, 운명의 아스널 임대

레알 소시에다드 임대가 조기에 종료된 후 레알 마드리드에 돌아온 외데고르는 코로나 바이러스에 걸리면서
컨디션 난조를 겪게 됐고 이것이 레알 마드리드 팀의 상황, 또 외데고르 본인의 컨디션 모두가 복잡하게
꼬이면서 힘든 시기를 겪게 된다. 당시 외데고르의 말이다.

레알 소시에다드에서 좋은 활약을 하고 있었고 행복했지만,

레알 마드리드로부터 돌아오라는 말을 들었을 때 이제야 저에게 기회가 왔다고 생각했습니다.

하지만 그 후에 저는 코로나 바이러스에 걸렸고,

2020/21시즌의 첫 두 경기에 나섰지만 아직 회복이 다 되지 않은 상태였습니다.

제대로 뛰지를 못했고 그 이후로 제대로 기회를 받지 못했습니다.

거의 없었죠. 그사이에 저는 계속 레알 소시에다드의 경기를 보면서,

아 내가 저기서 뛰고 있었을 수도 있었을 텐데 라는 생각을 하게 됐습니다.

결국 이렇게 반시즌가량이 지난 후인 2021년 1월 27일, 위와 같은 상황으로 외데고르는 1월 이적 시장을 통해 레알 마드리드를 떠나 아스널로 임대 이적했다.

외데고르가 아스널로 임대 이적하며 이후 완전 이적해 자리 잡은 후의 이야기를 이어 가기 전에, 그가 레알 마드리드에서 보낸 시간을 총정리해 보면 아래와 같다.

레알 마드리드와 외데고르의 인연이 처음 시작된 것은, 2015년으로 거슬러 올라간다. 외데고르가 16세였던 시절, 유럽 대부분의 명문 클럽들과 연결되고 있었던 시절이었다. 그는 실제로 소년 시절 자신이 서포터였던 리버풀이나, 자신이 게임상 즐겨 플레이했다고 밝힌, 그리고 미래에 뛰게 되는 아스널 등에서도 훈련을 받고 아르센 벵거 감독과 직접 만나기도 했지만, 결국 그가 선택한 행선지는 레알 마드리드였다.

그러나 세계적인 관심을 받고 있는 선수였다고 하더라도 1군 경쟁이 매우 어려운 레알 마드리드에 10대 소년 선수가 합류한다는 점에 처음부터 우려스러운 시선이 있었던 것도 분명한 사실이었다. 외데고르의 레알 마드리드행은

이후 실제로 그 우려대로 이어지게 된다. 결국 결론적으로 외데고르는 2021년에 레알 마드리드를 떠날 때까지 1군 팀 경기에서 11경기밖에 출전하지 못하게 된다.

구체적으로 외데고르와 레알 마드리드의 관계가 순조롭게 흘러가지 않은 데에는 여러 가지 이야기들이 있지만, 구체적 사실로 검증된 결과들로는 지네딘 지단 감독과 외데고르 사이의 어긋난 계획이 있다. 특히 외데고르가 레알 소시에다드에서 최고의 활약을 보이고 있었을 때 그를 레알 마드리드로 소환했던 지단 감독이 정작 원소속 팀에 복귀한 후에는 그에게, 외데고르의 입장에서 보기에는, 충분한 출전 시간을 주지 않았던 것이 결정적으로 외데고르가 레알 마드리드를 완전히 떠나기로 결심한 '트리거'가 됐다.

당시 스페인 언론에서는 외데고르의 상황에 대해서 비판적인 시각도 있었고, 특히 외데고르 외에도 많은 유망주 선수들이 지단 감독 아래서 제대로 된 기회를 받지 못하고 팀을 떠났다는 비판의 목소리도 높았다. 다만, 다른 일각에서는 어찌 보면 레알 마드리드라는 팀 자체가

단순히 라리가 명문 정도가 아니라 챔피언스리그 최다 우승팀으로서 세계 최고의 팀이기 때문에 어린 선수들이 1군에서 뛸 기회가 한정적인 것은 당연한 것이라는 의견도 있었다.

또한, 외데고르의 다음 행선지가 된 아스널의 입장에서 보자면 그 과정에는 일정 부분 행운이 따랐다는 시각도 존재한다. 영국 언론 가디언은 외데고르의 이적에 대해, 코로나 바이러스로 인한 레알 마드리드의 재정적 상황이 결국 그의 완전 이적을 선택하는 데 영향을 미쳤다고 해석하기도 했다.

즉, 레알 마드리드의 재정적인 상태가 코로나로 인해 악영향을 받지 않았다면, 그래서 2021년 여름에 그를 팔아야 할 필요가 생기지 않았다면, 외데고르는 전성기로 올라가야 할 시기를 레알 마드리드의 벤치에서 모드리치, 크루스, 발베르데 등을 보며 보냈을 수도 있고 레알 마드리드의 입장에서는 언제든 잠재력이 폭발할 수 있는 외데고르를 굳이 팔기보다는 어떻게든 구단과의 계약 관계로 남겨 두길 원했을 수도 있다는 것이다.

이런 상황에서 외데고르는 레알 마드리드로 이적하기 전까지 최종 선택지에 있었던, 그리고 다른 하나의 가장 유력한 선택지였던 아스널로 눈을 돌리게 되고, 계속해서 아스널과 접촉하고 있던 에이전트와 논의 끝에 아스널 이적을 타진했다. 결국 2021년 1월 27일 외데고르는 남은 시즌 기간 동안 아스널로 임대 이적을 떠나게 된다.

레알 마드리드 시절에 대해 외데고르는 '불평'하고 싶지 않다는 뜻을 분명히 강조했다. 레알 마드리드를 떠난 후 아스널에 입단한 후 그가 직접 남긴 글에 그 부분이 정확히 담겨 있다.

레알 마드리드 시절에 대해 불평할 마음이 없다는 걸 분명히 밝히고 싶습니다. 전혀요. 레알 마드리드에서 뛴 것은 저에게 좋은 일이었습니다. 최고가 되기 위해서 무엇을 해야 하는지를 배우고, 보고, 세계 최고의 선수들과 함께 훈련했으니까요. 베르나베우에서 더 강해지고, 도전하는 법을 배웠습니다. 그게 지금의 제가 있는 이유라고 생각합니다.

결국 아스널은 2021년 1월 27일 공식 홈페이지에 올린 성명문을 통해서 외데고르 영입에
대한 기쁨을 공개적으로 밝히며 지금까지 그의 커리어를 상세히 소개했다. 특히 아르테타
감독은 이날 성명문에서 아래와 같이 말했는데, 이 중 "우리가 아주 잘 아는 선수다"라는
말은 의미 없는 말이 아니라, 앞서 살펴본 바와 같이 실제로 외데고르가 아스널의
훈련장에 와서 벵거 감독과 직접 만나는 등의 경험이 있었기에 나온 발언이었다.

> 이번 시즌 말까지 외데고르가 우리와 함께 뛰게 되어 기쁘다. 물론 그는 우리가 아주 잘
> 아는 선수이며 아직 젊은 선수이고 장기간 톱 레벨에서 뛴 선수다. 그는 우리에게 퀄리티
> 높은 공격적인 옵션을 줄 것이며 그와 우리의 계획을 함께하는 것이 기대된다.

그리고 이때 외데고르가 아스널 이적을 최종적으로 결심하기까지의 과정에 대해 본인이
스스로 공개한 비하인드 스토리가 있다. 아르테타 감독과 가진 줌(Zoom) 통화에서
아르테타 감독에게 설명하기 힘든 힘을 느꼈다는 것이다.

저는 제 에이전트가 아스널이 저에게 관심이 있다고 했을 때,
그 이적이 옳은 결정이라고 느꼈습니다.
그리고 그 후에 아르테타 감독과 미팅을 가졌는데, 당시 아스널은 성적이 좋지 않았어요.
15위인가 그 아래 순위였었죠. 하지만 아르테타 감독과의 미팅은 …
솔직히 저는 누구에게라도 그와 한번 미팅을 해 보라고 권하고 싶어요.
그와 미팅을 갖고도 그의 말을 믿지 않을 수 있는 사람이 있을까 싶거든요.
그는 다른 레벨의 사람이었어요. 설명하기 힘든,
열정적이고 때때로는 조금은 미친 듯한 그런 힘이 있는,
그가 말을 하면, 그의 말이 현실이 될 것 같은 그런 느낌을 주는 사람이었어요.
그는 저에게 그의 계획을 말했고, 그가 아스널에서 하고 있는 일들에 대해서 말했고,
아스널의 어린 선수들, 사카, 마르티넬리, 스미스 로우 등등에 대해서 말하고 저도 그들과
함께하길 바란다며 제가 어떻게 아스널에서 더 발전할 수 있을지에 대해서 말했습니다.
저는 그의 말들에서 특별한 무언가를 느꼈습니다.

외데고르는 아스널 입단 직후 등번호 11번을 받았다. 이 등번호는 외데고르와 마찬가지로
레알 마드리드를 떠나서 아스널로 왔던 플레이메이커 메수트 외질이 입단 직후에
사용했던 등번호와 같은 번호였다. (두 선수 모두 이후에 다른 등번호로 변경했다.)
그 두 선수가 아스널에 왔을 시기에 각자의 커리어가 달랐던 것은 사실이지만, 뛰어난
플레이메이커이자, 찬스 메이킹에 뛰어난 선수라는 점, 레알 마드리드 출신이라는 점,
왼발에 뛰어난 선수라는 점 등 여러 가지 면에서 두 선수가 직접적으로 비교되거나, 또는

외데고르에게 외질이 보여 준 활약, 혹은 그와 비슷한, 더러는 그 이상을
기대하는 팬들이 있는 것도 자연스러운 일이었다.

다만, 아스널 팬들이 외데고르에게서 외질의 모습을 보거나 기대했던
것과는 조금 다른 부분이 있었는데 외데고르가 아스널에서 가장
유심히 보고 좋아하는 선수 중 한 명이었던 선수는 외질보다 더 먼저,
아주 어린 나이부터 아스널에서 성공해서 주장으로 활약했던 또 다른
플레이메이커 파브레가스라는 점이었다. 외데고르는 아스널과의 첫
인터뷰를 포함해서 이후로도 수많은 인터뷰에서, 심지어는 아스널
선수들뿐 아니라 역대 최고의 선수들에 대해서 물을 때도 그중 한
명으로 꼭 파브레가스를 언급하는 편이다.

외데고르가 임대로 입단했던 2020/21시즌, 아스널은 한 시즌 전 시즌의
중반부터 감독으로서 팀을 이끈 아르테타 감독하에 큰 변화를 겪고 있는
시기였다. 더 넓게 보면 현대 아스널의 성공적 기반을 다졌던 아르센
벵거 감독이 20년 넘도록 아스널을 이끌었다가 떠난 뒤 짧게 우나이
에메리 감독을 거친 후 벵거 감독 시절 팀의 주장이었던 아르테타
감독이 팀을 이끌게 되면서 아스널이라는 구단 자체의 상황에, 또 정식
감독으로서는 아직 경험이 부족한 아르테타 감독의 지도력에 모두 큰
의문부호가 걸려 있는 상황이었다.

그런 상황에서 영입된 선수 중 한 명이 외데고르였던 만큼, 외데고르의 성공 여부는 외데고르 선수 본인에게도, 아스널이라는 구단에게도 모두 중요했다.

외데고르의 아스널 데뷔전 상대는 벵거 감독 시절 아스널과 함께 프리미어리그의 2강 중 한 팀이었던 맨유였다. 외데고르는 후반전 37분에 에밀 스미스 로우와 교체 투입됐지만 이 경기에서 뭔가를 보이기엔 경기 시간이 너무 부족했다. 경기는 0—0으로 끝났다. 특히 이 경기에서 외데고르와 교체된 에밀 스미스 로우는 아스널 유스 출신으로 외데고르와 비슷한 역할을 할 수 있는 선수이자 넓은 관점에서 보자면 포지션 경쟁자의 입장에 있는 선수이기도 했다. 이에 외데고르의 아스널 임대 이후 두 선수의 공존 가능성이 관심사로 떠오르기도 했다. 이후, 외데고르의 첫 선발 데뷔전은 2월 14일 리즈를 상대로 펼쳐졌다. 이 경기에서 아스널은 오바메양의 해트트릭, 베예린의 골까지 합해 4 대 2 승리를 거뒀고 아르테타 감독은 경기 후 외데고르에 대해 호평을 남겼다.

지난 세 달 정도 많은 경기를 뛰지 못했다는 걸 감안할 때 그는 좋은 경기를 했습니다. 그는 볼을 가졌을 때 편안해 보였고, 또 창의적이었습니다.

외데고르가 아스널에서 기록한 첫 골은 유로파리그 일정이었던 올림피아코스전 33분에 나왔다. 중앙으로 치고 들어가다가 날린 빠르고 강력한 왼발 중거리 슈팅으로 그대로 골망을 가른 것. 외데고르의 선제골로 기세가 오른 아스널은 이 원정 경기에서 3 대 1 승리를 거뒀고 이날 외데고르의 골은 이후 아스널 팬들이 뽑은 이달의 골에 선정되기도 했다.

외데고르의 첫 프리미어리그 골은 그로부터 바로 3일 후에 나왔다. 상대 팀도 다름 아닌 토트넘이었다. 자신의 첫 북런던 더비에서 골을 기록한 셈이다. 3월 14일, 코로나 기간 중이라 무관중으로 펼쳐진 이 경기에서 선제골을 기록한 것은 원정팀 토트넘이었다. 라멜라가 기습적인 라보나 슈팅에 이은 골로 먼저 득점을 올린 것(라멜라의 이 골은 이후 2021년 FIFA 푸스카스상에 선정됐다). 그리고 양 팀 승부의 균형을 맞춘 것이 다름 아닌 외데고르의 골이었다. 이후 라카제트가 PK골을 성공시키면서 외데고르는 자신의 첫 북런던 더비에서 골을 기록함과 동시에 승리를 차지했다. 이 두 경기에서의 활약을 포함해 전반적인 좋은 경기력을 보인 끝에 외데고르는 아스널 팬들이 뽑은 3월 이달의 선수상을 수상하기도 했다. 아스널 임대 후 첫 시즌에 외데고르는 모든 대회를 합해서 20경기에 출전하며 준수한 활약을 보였다. 물론, 그가 이 임대 기간에 모든 팬들의 마음을 사로잡거나 기대를 훨씬 웃도는 화려한 활약을 보인 것은 아니었지만, 그의 좋은 활약과 특히 왜 아스널이 그를 결국 완전 영입하려고 했는지는 그가 이 시즌에 남긴 기록을 통해서 뚜렷하게 확인된다. 구체적으로, 아스널이 구단 공식 홈페이지에서 공개한 자료에 의하면, 외데고르는 첫 시즌에 경기당 4.39회의 슈팅으로 이어진 찬스를 만들어 냈고 이 중 3.54회는 오픈플레이에서 나온 기회 창출이었는데 이는 프리미어리그 전체에서 5위에 해당되는 기록이었다. 그리고 아스널에서 같은 기간에 뛴 선수들 중에는 경기당 2.7회 이상의 찬스를 만든 선수가 없었다.

또, 외데고르가 아스널에서의 첫 시즌에 보여 준 인상적인 모습은 그가 공격적인 역할을 수행하고 찬스를 만드는 플레이를 하면서도 다른 어떤 선수들보다도 볼을 잘 지킨다(뺏기지 않는다)는 부분이었다. 이 부분 역시 아스널 공식 홈페이지에서 통계 자료를 공개했는데, 해당 통계에 의하면, 외데고르는 같은 시즌에 500분 이상 출전한 공격형 미드필더들 중 가장 적게 볼을 뺏긴 선수였던 것으로(11회) 나타났다.

즉 외데고르는 첫 시즌부터 리그 내에서 최정상의 찬스 메이킹과 볼을 지키는 능력을 통계상의 수치로도 증명한 것이다.

시즌 종료 후 외데고르 본인은 임대 생활에 만족했고 아스널에 남고 싶었으나 원소속 팀인 레알 마드리드가 돌아오길 원했다. 결국 레알 마드리드로 돌아가서 당시 감독인 안첼로티 감독과 면담을 가졌으나, 그 면담을 통해 안첼로티 감독이 자신을 처음처럼 절실히 원하지는 않는다는 걸 느낀 외데고르는 아스널로 다시 돌아가기로 마음을 굳히게 된다.

MANAGER
HERBERT CHAPMAN | GEORGE GRAHAM | ARSENE WENGER | UNAI EMERY

외데고르가 아스널에 입단했을 당시 아스널의 감독은 미켈 아르테타 감독이었지만, 외데고르의 팀인 아스널을 좀 더 자세히 이해하기 위해서는 그가 입단하기 전 아스널의 상황과 아래서 언급하는 4명의 감독에 대해 간략하게라도 짚고 넘어갈 필요가 있다. 아스널 역사에 중요한 영향을 미친, 또는 현재 아스널의 모습과도 연관이 있는 감독들에 대해 중요한 부분을 정리해 본다.

HERBERT CHAPMAN
1 9 2 5 - 1 9 3 4

약 100년 전 아스널에 부임했던 감독으로 먼 과거의 일이긴 하지만, 아스널이라는 클럽의 역사에 영원히 남을, 아스널 팬이라면 결코 몰라서는 안 되는 구단 역사상 최고의 명장으로 인정받는 감독이 다름 아닌 허버트 채프만 감독이다. 1925년 아스널 지휘봉을 잡은 채프만 감독은 1934년에 병으로 갑작스럽게 세상을 떠날 때까지 아스널에서 'WM 포메이션'을 성공시키며 아스널을 리그 내 최강자로 올려놓았고 그로 인해 아스널이 현재까지 '명문' 클럽으로 인정받게 되는 토대를 마련한 주인공이다. 채프만 감독이 갑자기 사망하기 전까지 그의 재임 기간 아스널은 2회의 리그 우승, 1회의 FA컵 우승, 3회의 채리티실드 우승을 차지했지만 그의 사망 후 아스널이 1930년대에 거둔 성공 역시 (총 5회의 리그 우승, 2회의 FA컵 우승) 그가 마련해 둔 발판 위에서 가능했던 성공이라 보는 것이 마땅하다. 그런 업적 덕분에 지금도 에미레이츠 스타디움 곳곳에 그의 동상과 흉상들을 찾아볼 수 있다.

GEORGE GRAHAM

1986 - 1995

조지 그레엄 감독은 흔히 아스널 역대 최고의 명장 두 사람으로 꼽히는 채프먼, 벵거 감독과 비교할 수 있는 정도의 성공을 거둔 감독은 아니지만, 그 역시 아스널에서 분명한 우승 커리어를 만들었던 감독이며 무엇보다도 그의 감독 시기에 대해 알아야 그 이후에 열렸던 아르센 벵거 감독의 성공의 의미와 현대 아스널의 정체성의 형성과정에 대해 제대로 이해할 수 있다. 1986년 아스널 감독에 부임한 그레엄 감독은 아스널 재임기간 리그 내 최강 수준의 수비진이었던 '철의 포백'을 구축하며 선제골을 기록한 후 강력한 수비로 승리를 챙기는 실리적인 축구를 주로 구사하여 지금도 종종 응원석에서 들리는 응원가인 '1-0 to the Arsenal'(1-0 아스널 리드)라는 표현을 탄생하게 만든 주인공이었다. 다만, 이때의 아스널의 강력한 수비를 바탕으로 한 축구에 대해 '지루한 축구'라는 비판 또한 있었기에, 아르센 벵거 감독이 불러온 공격축구로의 변화가 더욱 각광을 받은 측면이 있는 것이다. 비록 그는 1995년 불미스러운 스캔들로 인해 아스널 감독직에서 경질되었으나, 아스널에서 재임하는 기간, 특히 컵 대회에서 강한 모습을 보여 주며 두 차례의 리그 우승, 한 번의 FA컵 우승, 두 차례의 리그컵 우승, 그리고 아스널의 UEFA 유러피언 컵위너스컵 우승(1993/94시즌)을 차지하며 팀에 유럽 대회에서의 우승 커리어도 남긴 감독이었다.

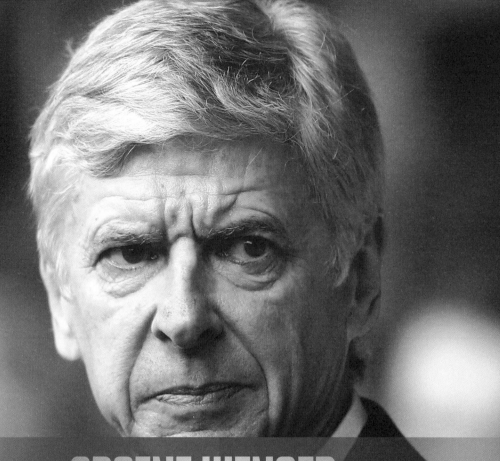

ARSENE WENGER
1996 - 2018

앞서 소개한 채프만 감독과 함께 아스널 역사상 최고의 명장 두 사람으로 인정받는 감독인 동시에, 조지 그레엄 감독 체제하에서 수비적인 팀이라는 인식이 굳어졌던 아스널이라는 클럽은 공격 위주의 매력적인 축구를 구사하는 팀인 동시에 우승을 차지하는 팀으로 탈바꿈시켰던 감독이 바로 아르센 벵거 감독이다. (그레엄 감독과 벵거 감독 사이에 짧게 브루스 리오치 감독이 재임했으나 큰 족적을 남기진 못했다.) 특히 프랑스 출신으로 일본에서 감독 생활을 하다가 잉글랜드로 온 벵거 감독은 당시 퍼거슨 감독의 맨유 독주가 이어지고 있던 EPL에서 새로운 훈련방식, 새로운 식단 및 선수단 운영방식을 도입하며 부임 후 두 번째 시즌부터 단숨에 맨유의 독주를 종식시키고 맨유 대 아스널의 2강 체제를 만들었으며 그가 2003/04시즌에 달성한 무패 우승은 프리미어리그 기준으론 유일하고 약 140년에 이르는 잉글랜드 축구 역사에서도 단 2차례 있었던 대업이었다. 또한, 그의 성공으로 인해 프리미어리그에서도 해외 감독이 성공할 수 있다는 선사례가 만들어졌고 이후 해외 감독들의 프리미어리그 입성 러시가 시작되게 된다. 그의 아스널 재임 기간에 있어 가장 큰 분기점이 된 것은 단연 에미레이츠 스타디움 신축이었다. 구단의 장기적 비전을 위해 약 2만 명을 더 수용할 수 있는 신구장을 건축하기 위해 구단은 긴축재정에 돌입했고 수많은 스타들이 팀을 떠나는 상황에서 벵거 감독도 유망주 선수들을 위주로 활용하며 우승 경쟁이 아닌 4위 경쟁을 펼치는 가운데서도 팀의 유지를 위해 마지노선이었던 챔피언스리그 진출을 계속해서 이뤄 냈다(그의 아스널 재임 기간의 거의 마지막에 있었던 2시즌을 제외하고). 구단의 재정 문제가 어느 정도 완화된 후로는 다시 스타급 선수들을 영입하며 팀의 밸런스를 맞춰 가면서 3차례의 FA컵 우승을 더 차지하고 총 3회의 리그 우승, 7회의 FA컵 우승을 아스널에 안기고 팀을 떠났다.

UNAI EMERY

2018 - 2019

아르센 벵거 감독의 후임으로 아스널 감독이 됐던 우나이 에메리 감독은 분명 유능한 감독이지만 아스널에서 남긴 그의 커리어는 성공적이지 못했다. 세비야를 이끌고 세 차례 유로파리그 우승, 그리고 PSG에서 리그 우승을 차지한 후 아스널 감독에 부임했던 에메리 감독은 첫 시즌 한때 11연승을 기록하는 등 긍정적인 모습을 보여주기도 했지만 리그 후반에 불안한 모습을 보여 주며 리그 5위로 시즌을 마감하고, 그가 가장 성공적인 커리어를 거뒀던 유로파리그 결승에서도 첼시에 1-4로 완패하면서 팀의 첫 번째 목표였던 챔피언스리그 진출에 실패했다. 아스널에서의 두 번째 시즌, 구단이 7경기 연속 무승을 기록하고 (1992년 2월 이후 최악의 성적) 10월 6일 이후로 리그에서 1승도 거두지 못하며 4위권에서 승점 8점 차로 벌어지자 결국 2019년 11월 29일, 구단의 결단 아래 경질됐다. 아스널은 그의 후임으로 벵거 감독 시절 아스널에 입단했던 선수 출신 코치인 융베리를 임시 감독으로 임명한 후, 이후에 마찬가지로 벵거 감독 시절 아스널의 주장을 맡았던 미켈 아르테타 감독을 정식 감독으로 임명했다.

2021년 8월 20일, 아스널이 외데고르의 완전 이적을 발표했다. 계약 기간은 2025년까지, 1년 연장할 수 있는 옵션도 포함됐고 새 등번호는 8번이었다. 외데고르의 완전 이적 전, 레알 마드리드에서 그를 완전 이적시킬지 여부가 아직 불투명할 당시 외데고르와 함께 아스널과 연결되던 또 다른 선수는 훗날 토트넘으로 이적하게 되는 제임스 매디슨이었다. 매디슨은 홈그로운이라는 점, 외데고르에 비해 잉글랜드 무대에 더 익숙한 선수라는 점에서 비교 우위에 있었던 것이 사실이고, 그래서 외데고르와 그 사이에서 팬들의 선호가 다소 갈리는 부분도 있었지만 결과적으로 외데고르의 영입은 아스널에게 매우 성공적인 영입으로 귀결되게 된다.

외데고르가 완전 이적했던 2021/22시즌, 아스널은 안팎으로 대혼란을 겪었다. 이 시즌 아스널에는
크게 2가지 특징이 있었는데 첫 번째로는 팀 자체가 리그에서 가장 어린 팀이었다는 점이었고
(1군 팀 평균 연령이 24세 308일), 두 번째로는 시즌 중반에 팀의 주장이었던 오바메양과 구단
사이 몇 차례 발생했던 구단 규율에 대한 마찰이 반복되면서 시즌 중반에 주장직이 박탈되는
등의 혼선이 있었다는 점이었다. 즉 여러 가지 면에서 구단 내부적인 리더십의 문제가 존재했고
어린 선수들을 이끌고 이를 잘 해결해 내는 것이 아르테타 감독에게 걸린 중요한 과제였다. 이게
외데고르가 아스널로 완전 이적한 직후 맞이한 상황이었던 것이다. 이런 상황에서 아스널은 개막
후 3경기에서 3연패를 당하며 극도로 불안한 상황에서 시즌을 시작하게 됐다. 이렇게 전개된
시즌에서 외데고르의 시즌 첫 골은 9월 18일 번리전 전반 30분, 직접 프리킥에 이은 골 장면에서
나왔다. 페널티 박스 바깥 중앙 부분에서 찬 왼발 프리킥으로 상대 골키퍼가 막을 수 없는 구석에
꽂히는 정확한 프리킥이었다. 이 경기에서 아스널은 그 골이 그대로 결승골로 이어져 1 대 0 승리를
거둔다.

이후 외데고르는 점점 더 좋은 활약을 보이기 시작했고 12월에는 특히 좋은 활약을 보였는데, 맨유,
에버튼, 사우스햄튼까지 3팀을 상대로 연속골을 기록했고 특히 사우스햄튼전에서는 페널티 박스
안에서 헤딩으로 골을 기록하기까지 하며 전천후 활약을 보여 주기 시작했다. 또 12월 26일에
있었던 노리치전에서 티어니의 골 장면에서 나온, 반대편으로 쇄도하고 있던 티어니에게 보내
준 완벽한 스루패스 역시 그의 월드 클래스 급 패스 능력과 찬스 메이킹 능력을 잘 보여 주는

장면이었다.

외데고르는 결국 이 12월에 3골 3도움을 기록하며 매디슨, 손흥민, 스털링(선정) 등과 함께 프리미어리그 이달의 선수 후보에 올랐고, 이때의 활약을 기점으로 아스널과 프리미어리그에서 완벽히 적응한 모습을 보이며 리그 내 정상급 미드필더로 올라서게 된다.

외데고르는 그 직후였던 1월 코로나 바이러스 양성 판정을 받기도 했고, 이 무렵 노르웨이 언론 TV2와 가진 인터뷰에서 메수트 외질과의 비교에 대해 큰 칭찬으로 받아들이고 있다고 말했으며, 이 인터뷰를 전후로 이미 외데고르의 리더십에 대한 호평과, 그가 다음 시즌 팀의 주장감으로 평가받고 있다는 보도가 이어지게 된다.

한편, 이 시즌 아스널은 개막 직후 3연패를 잘 극복하고 분위기를 반전시킨 끝에 시즌 후반기에는 첼시, 맨유, 웨스트햄에 연승을 거두었다. 이대로라면 리그 4위 마무리에 이은 챔피언스리그 복귀가 눈앞으로 다가온 것처럼 보였으나, 5월 12일 열린 토트넘과의 북런던 더비에서 케인, 손흥민에게 골을 내주고 0-3 패배를 당하며 결국 시즌을 5위로 마무리, 챔피언스리그 복귀를 한 시즌 뒤로 미루게 된다.

아스널로 완전 이적한 후 가진 첫 번째 시즌에서 외데고르는 아스널 선수단 전체에서 두 번째로 많이 출전한 선수였으며 그보다 많이 출전한 선수는 단 한 명, 부카요 사카(외데고르 40경기, 부카요 사카

43경기)가 유일했다. 임대되어 활약했던 시즌에 이어, 완전 이적한 후 첫 시즌에서 좋은
활약을 보였고 아스널 내부적으로 리더십에 긍정적인 평가를 받았던 외데고르는 결국
2022/23시즌 시작 전 공식적으로 주장에 선임된다. 2022년 7월 30일, 아스널이 공식
홈페이지를 통해 발표한 외데고르 주장 선임에 대한 입장문이다.

아스널은 외데고르가 우리 1군 팀의 주장에 임명됐다는 것을
기쁜 마음으로 알린다. 그는 2021년 1월, 레알 마드리드에서
임대로 아스널에 온 후 60경기에서 9골을 기록했다.
또, 이미 2021년 3월부터 노르웨이에서 주장으로 활약한
경력도 있다. 그는 노르웨이 대표팀에서 43경기에 출전했다.
외데고르가 아스널의 주장으로서 성공을 거두기를 기원한다.

외데고르가 주장으로서 팀을 이끈 2022/23시즌, 맨시티에서 가브리엘 제수스, 진첸코 등을
영입하며 전력을 강화한 아스널은 개막 후 5연승을 달리며 리그 선두로 치고 나갔고 이는 개막 후
3연패와 함께 시즌을 시작했던 한 시즌 전과 완전히 다른 양상이었다. 외데고르 역시 주장으로서
활약했고 3라운드였던 본머스 원정에서는 2골을 터뜨리며 팀의 1위 등극에 앞장섰다. 외데고르는
이후 8월 27일에 열린 풀럼전에서 팀이 후반 11분에 선제골을 내주며 0-1로 끌려가고 있던 불안한
상황에서 8분 만에 동점골을 기록하며 팀의 역전승을 이끌었다.

이후 외데고르의 활약은 특히 월드컵으로 인해 시즌이 중단되기 전이었던 11월과 12월에 빛났는데
11월 울버햄튼전에서 멀티골. AC 밀란전에서 프리킥골을 기록했고 이 기간 중 3골 3어시스트로
총 6골에 관여하면서 2019년 9월 오바메양 이후 처음으로 아스널 선수로서 프리미어리그 이달의
선수상을 수상했다.

더불어 11월, 12월 이달의 감독상도 아르테타 감독이 받았는데, 감독상과 선수상을 모두 아스널
선수들이 받은 건 2015년 3월 벵거 감독과 올리비에 지루가 받은 이후 처음이었다.

2022 카타르 월드컵이 종료된 후 재개된 첫 경기였던 웨스트햄전에서 외데고르는 2어시스트를
기록하며 팀의 3 대 1 승리를 도왔고 2022년 12월 31일 브라이튼 원정 경기에서 사카의
선제골에 이어 팀의 두 번째 골을 기록하며 팀의 4 대 2 승리에 기여했으며 결정적으로 중요한
일전이었던 1월 15일 토트넘 원정 북런던 더비에서 전반전에 골을 기록하며 팀의 2 대 0 승리를
이끌었다. 특히 이 경기 승리는 아르테타 감독 부임 이후 처음으로 북런던 더비에서 클린시트로
승리한(2019년 12월 이후) 경기이자 아스널이 2014년 이후 처음으로 토트넘 원정에서 거둔
승리였다. 이 경기에서 외데고르는 단순히 골을 넣었을 뿐 아니라 세트피스에서 정확한 프리킥,

지금 현재 시점에서는, 외데고르가
프리미어리그 올해의 선수라고 생각한다.
(맨시티의) 홀란드도 자신의 역할을
잘하고 있고 훌륭하지만,
만약 홀란드의 골 행진이 잠잠해지고
아스널이 리그 우승을 차지한다면,
나는 그를 올해의 선수로 뽑을 것이다.

외데고르는
특히 전반전에
믿을 수 없는 활약을 했다.
그의 움직임, 그가 경기에
미친 영향 등등.
정말 다른 수준의
영향력을 보여 줬다.

ARTETA

FERDINAND

날카로운 전진패스 등으로 시종일관 토트넘을 위협했다. 월드컵 중단기 직전에 11–12월 프리미어리그 이달의 선수상을 수상한 외데고르가 월드컵 종료 후에도 계속해서 공격포인트를 올리며 팀의 우승 경쟁을 이끌자, 퍼디난드 등 현역 시절 레전드였던 이후 평론가로 활동하는 전문가들 사이에서 외데고르가 이 시즌 프리미어리그 최고의 선수라는 평가가 나오기 시작했다. 토트넘전이 끝난 후 퍼디난드의 평가와 아르테타 감독이 외데고르의 활약에 대해 남긴 말은 다음과 같다.

이어진 3월, 외데고르는 에버튼전과 풀럼 원정에서 골을 기록하면서 아르테타의 100번째 승리를 도왔고, 결국 '런던 풋볼 어워즈'에서 프리미어리그 올해의 선수상을 수상했다. 팀 동료인 사카가 올해의 영플레이어를, 아르테타 감독이 감독상을 수상하기도 했다.

아르테타 감독의 리더십이 드디어 빛을 보고 주장인 외데고르, 사카를 포함한 젊은 선수들의 맹활약이 이어지면서 아스널이 드디어 대망의 리그 우승에 도전하는 것 같았던 이 시즌, 결정적인 순간은 4월 26일 열린 맨시티 원정에서 다가왔다. 이 경기는 외데고르의 아스널 100번째 경기이기도 했다. 사실상 이 경기의 승자가 리그 우승에 매우 유리한 고지를 점령할 수 있었던 경기에서 결과적으로 아스널은 두 골을 기록한 더브라위너, 그리고 홀란드와 스톤스에게 골을 내주며 1–4 대패를 당하고 아쉽게도 리그 우승을 놓치게 된다. 바로 다음 경기였던 첼시전에서

외데고르는 선제골을 포함해 두 골을 기록하며 팀의 분위기 반전을 노렸지만, 우승 결과를 뒤집지는 못했다.

이 시즌 외데고르는 주장으로 뛴 첫 시즌에서 마르티넬리, 사카와 함께 15골로 팀 내 공동 최다골을 기록했고 많은 경기에서 뛰어난 찬스 메이킹과 어시스트를 기록하며 팀의 우승 경쟁을 이끌었지만, 그게 전부가 아니었다.

시즌 종료 후 통계 매체 '옵타'에서 발표한 분석 자료에 의하면 이 시즌에 외데고르는 공격 진영에서 가장 많은 압박을 시도한 선수인 것으로 나타났다. (7.86회) 즉, 단순히 많은 골과 어시스트를 기록했을 뿐 아니라, 상대 수비 진영을 가장 강하게 압박하는 선수였다는 뜻이며 또 그 와중에 46회 상대로부터 볼을 빼앗으며 이 부분에서도 이 시즌 최고의 선수였던 것으로 드러났다.

즉, 이 결과는 전 시즌과 마찬가지로 외데고르의 팀에 대한 공헌이 숫자와 통계적으로도 입증이 된다는 것이며 그는 단순히 기회를 많이 만들고 골을 많이 기록한 것이 아니라 팀의 수비적인 기여와 아르테타 감독이 추구하는 축구를 피치 위에서 구현하는 데에도 큰 기여를 했다는 것을 보여 주는 것이다.

결국 이렇게 뛰어난 활약을 보인 끝에 그는 시즌 종료 후 PFA가 선정한 올해의 팀에 선정됐다. 아스널 선수들 중 이 팀에 선정된 것은 외데고르, 람스데일, 사카, 살리바까지 네 명의 선수였다.

아르테타의 빈젠, 아스널의 빈젠
아르테타와 외데고르의 연결고리

COLUMN 외데고르와 아스널의 사이에 있어
처음 인연을 맺은 것은 레알 마드리드
이적 이전 아스널에 방문했던 당시 만났던 아르센 벵거
감독이지만, 실제로 외데고르와 감독과 선수로서,
나아가서는 감독과 주장으로서 함께한 감독은 미켈
아르테타 감독이다. 그런 만큼 아르테타 감독은 아마도
외데고르의 커리어에 있어 가장 중요한 감독이기도
하다. 그리고 아르테타 감독의 아스널 감독 커리어
역시 결코 처음부터 순탄한 것은 아니었다.

우선 아르테타 감독은 감독 부임 이전에 이미 아스널
팬들에게 너무나 익숙한 인물이었다. 2011년 아스널
입단 후 2016까지 팀에서 뛰는 동안 주장을 맡기도
했던 선수였던 만큼 아스널 구단의 내부적인 상황이나
팬들의 인지도 면에서는 아스널의 감독이 되기에
적임자였던 후보였다.

단, 그의 가장 큰 문제는 그가 아스널에서 정식
감독으로 부임하기 전까지 단 한 번도 1군 팀 감독을
맡아본 경험이 없다는 점이었다. 실제로 그가 맨시티를
EPL 최정상의 팀으로 만든 펩 과르디올라 감독의
코치로서 중요한 역할을 했던 것은 익히 알려진
사실이지만, 펩 과르디올라라는 유럽 최정상 감독의
코치로 일하면서 그를 돕는 것과 자기 자신이 감독이
되어 팀을 이끄는 것은 전혀 다른 차원의 문제였다.
그런 기대와 우려가 교차하는 가운데, 아르테타 감독은
2019년 12월 20일 아스널 정식 감독에 부임했다.
아스널에서 보낸 첫 시즌, 아르테타 감독은 특히
시즌 도중에 발생한 코로나 바이러스로 인한 리그
휴식기가 종료된 후 재개된 리그 일정에서 맨시티에
0-3으로 대패한 것을 시작으로 전반적으로 리그에서는
불안한 모습을 보이며 8위로 첫 시즌을 마쳤지만,
단, FA컵에서 셰필드 유나이티드, 맨시티, 첼시를
꺾으며 우승을 차지하며 그가 무엇보다 중요한
'결과'를 만들어 낼 수 있는 감독이라는 것을 트로피로

증명했고, 이 우승은 이후 그가 겪게 될 몇 시즌간의
난관을 견뎌 낼 큰 기반으로 작용하게 된다.

첫 시즌 FA컵에서 우승을 차지했지만, 자신이 처음으로
리그 시작부터 아스널을 이끌었던 2020/21시즌에도
리그를 8위로 마감하고 전 시즌 우승했던 FA컵에서는
4라운드에서 탈락하는 등의 모습은 팬들로 하여금
그에 대한 우려를 사게 하기에 충분했고, 그다음
시즌이었던 2021/22시즌에는 시즌 초반에 3경기에서
단 한 골도 기록하지 못하고 3연패를 당하며 67년
만에 처음으로 3경기에서 20위를 차지하며 시즌을
시작했다. 마치 '롤러코스터'에 비유됐던 이 시즌,
아스널은 시즌 중반에 훨씬 더 나아진 모습을 보이기도
했지만 시즌 막바지였던 2022년 5월 4위 경쟁의
교두보가 됐던 토트넘과의 북런던 더비에서 0-3으로
패하며 5위로 리그를 마무리하며 팬들의 우려와
걱정은 더 커지게 됐다.

단, 여기서 아스널은 대담한 결정을 하게 되는데, 그의
경력 부족과 불안한 모습에 새로운 감독을 원하는
팬들의 목소리가 높던 시점에서 오히려 아르테타
감독에게 믿음을 보이며 2022년 5월에 그와의
재계약을 발표한 것이다. 이는 그다음 시즌부터
나타나기 시작하는 아스널의 대약진을 감안하면
아스널에겐 '신의 한 수'와도 같은 탁월한 선택이었다.
또한, 아르테타 감독이 아스널에서의 진정한
의미에서의 리빌딩, 혹은 그 리빌딩의 성공의 씨앗이
싹트기 시작한 것도 바로 이 시즌이라고 볼 수 있다.
그는 실용적 전술을 추구하는 것만큼, 아스널의
정체성, 믿음, 또 선수단 내의 규율과 일체성을
중시하는 감독이었는데 그걸 대표적으로 보여 주는
것이 2021/22시즌 중반에 팀의 최고 득점자였으나
사적 문제로 클럽과 지속적 마찰을 빚고 있던
오바메양의 주장직을 박탈한 일이었다. 그리고 이
시기는 바로 외데고르가 아스널에서 중심 선수로

자리잡기 시작한 시기와도 겹치며 아르테타 감독은 그가 만들어 나갈 아스널의 새로운 주장이자 리더로서 외데고르를 낙점했다. 아르테타 감독이 외데고르를 주장에 선임하고 젊고 새로운 선수들을 중심으로 새로운 아스널의 능력을 '결과'로 보이기 시작한 2022/23시즌부터 아스널은 단숨에 과르디올라 감독의 맨시티 대 클롭 감독의 리버풀 2강 체제로 이어지던 프리미어리그의 구도를 깨고 우승을 노리는 팀으로 거듭나게 된다. 비록 2022/23시즌, 2023/24시즌 2시즌 연속으로 시즌 후반부에 아쉬운 모습을 노출하며 리그 우승을 차지하지는 못했으나, 아르테타 감독과 외데고르는 모두 아직 '젊은', 그리고 '잠재력이 무한한' 감독이자 선수로서 새로운 미래에 도전해 나가고 있다.

THE LINK

아르테타 감독과 외데고르는 매우 친밀한 관계를 갖고 있고 일부 팬들은 외데고르가 아르테타 감독이 아스널에서 펼치려는 전술 또는 방향성을 상징하는 선수로 보기도 한다. 실제로, 아르테타 감독과 외데고르는 특별한 연결고리를 하나 더 갖고 있는데, 외데고르가 아스널로 이적하기 전 성공적인 임대 선수 생활을 하며 성인 무대에서 한 단계 더 발전했던 레알 소시에다드의 연고도시인 산 세바스티안이 다름 아닌 미켈 아르테타 감독의 출생지인 것이다. 실제로, 이에 대해 아르테타 감독은 외데고르와 함께 2024년에 출연한 아스널 공식 유튜브 채널의 한 비디오 영상에서 아스널 전 선수 시오 월콧의 질문을 받은 후 "(아스널에 오기 전) 마르틴이 임대 생활을 겪다가 '내 고향'으로 갔고 거기서 남자가 됐다"고 말하며 환한 미소를 지으며 외데고르에게 어깨동무를 하는 모습을 보이기도 했다.

MIKEL ARTETA ✕ MARTIN ØDEGAARD

03

리그 우승에 재도전, 아쉬웠던 2위 2023/24시즌

직전 시즌, 외데고르는 주장으로 임명되어 리그 베스트급 활약을 했고 아스널은
마지막까지 리그 우승에 도전했으나 아쉽게 맨시티에 뒤집히며 리그 우승을 내줬다.
시즌 막판에 더 강해진 모습을 보인 맨시티에 비해서 마지막 뒷심이 부족한 것으로
지적된 아스널이었다.

여름 이적 시장에서, 아스널은 첼시에서 뛰고 있던 독일 대표팀 선수 카이 하베르츠,
그리고 웨스트햄에서 리그 최정상 미드필더로 성장한 데클란 라이스 등을 영입하며
한 번 더 우승을 향한 도전을 하고자 하는 강한 의지를 보였다. 또 이때 아스널의
영입 선수들 중에는 아약스 출신이자 어릴 때부터 아스널 팬으로 알려진 수비수
위리엔 팀버가 있었는데 팀버는 시즌 개막전을 치르자마자 시즌 아웃이 될 수 있는
장기 부상을 당하고 말았다. 팀의 주장인 외데고르는 이렇게 첫 경기부터 장기
부상을 당한 팀버를 위해 주장으로서 훌륭한 모습을 보여 줬다. 8월 21일, 자신의
리그 첫 득점 후에 부상당한 팀버의 12번 유니폼 들어 올리며 그를 위로하는
모습을 보여 준 것이다. 경기 후 외데고르는 이 세리머니에 대해 직접 아스널 공식
홈페이지에 공유된 '캡틴 노트'를 통해서 아래와 같이 말했다.

오늘의 승리는 팀버를 위한 것이기도 했습니다. 새로운 클럽에 와서 첫 경기에 큰 부상을 당하는 것은 정말 힘든 일입니다. 정말 힘든 일이지만 그는 잘 이겨 내고 있습니다. 계속 긍정적으로 생각하고 훈련장에 와서 할 수 있는 최선을 다하고 있습니다. 팀버는 좋은 선수이고 우리는 그를 잘 도와줘야 합니다. 그러므로 경기 중에 그의 유니폼을 들어 올리면서 우리는 한 가족이고 팀으로서 하나라는 점을 보여 주고 싶었습니다.

9월 3일 맨유전, 맨유 래시포드가 선제골을 넣었는데, 외데고르가 곧바로 동점골을 기록했다. 이 경기에서 아스널은 결국 추가시간(95분 43초)에 역전골에 이은 쐐기골까지 기록하면서 3 대 1 승리를 거뒀고 이날의 승리는 아스널의 시즌 초반 성적에 매우 중요한 기점이 됐다. 이후 아스널은 11라운드에서 뉴캐슬에 패할 때까지 10경기 무패를 기록하게 된다.
9월 21일, 아스널이 6년 만에 가진 챔피언스리그 복귀 첫 경기에서 외데고르는 멋진 중거리 슈팅에 의한 골에 더해 1어시스트를 기록하며 팀의 4 대 0 대승을 이끌었다. 그리고 하루 뒤인 2023년 9월 22일, 외데고르와 아스널이 장기 재계약에 합의했다는 발표가 공식적으로 나왔다. 처음 임대로 아스널에 합류한 뒤 완전 이적을 해서 주장에 임명됐던 외데고르에 대해 아스널이 완전히 만족하고 있다는 걸 보여 주는 계약이었다. 이 재계약에 대한 아스널 구단과 외데고르의 입장문은 다음과 같다.

아스널에서 4번째 시즌을 맞는 외데고르는 2021년 1월에 처음 팀에 합류했고 지난 시즌에는 구단 올해의 선수에 선정됐으며 프리미어리그에서만 15골을 득점했다. 비전, 시야, 감각이 뛰어난 외데고르는 2022/23시즌 PFA 올해의 팀에 선정됐고 올해의 선수 최종 후보, 올해의 영플레이어 최종 후보, 또 FWA 올해의 선수상 최종 후보에 올랐다. 2022년 11월, 12월엔 프리미어리그 이달의 선수상을 수상하기도 했다.

ARSENAL

여러 가지 이유로 쉬운 결정이었다. 가장 큰 이유는 현재 아스널이 하고 있는 프로젝트가 매우 특별하고 나는 그 일부가 되고 싶기 때문이다. 아스널과 함께하는 것이 매우 즐겁고, 드디어 나의 집이라고 부를 수 있는 곳을 찾아 정착한 것 같다.
나의 이야기는 조금 다르다. 16세부터 많은 클럽들을 돌아다녔기 때문이다.
하지만 아스널에서는 첫날부터 매우 즐거웠고, 이제는 분명히 이곳을 나의 집처럼 느낀다.
클럽의 모든 사람들과 서포터들에게 감사하고 아스널의 성공을 위해 전력을 다할 것이다.

ODEGAARD

외데고르는 우리의 주장일 뿐 아니라 클럽의 모든 사람들로부터 존중받는 사람이다.
그는 뛰어난 롤모델이자 프로선수이고 그가 하는 모든 일에 성숙함과 퀄리티를 보여 주는 사람이기도 하다. 감독으로서 그와 함께 일하는 것이 매우 즐거우며 그는 다른 많은 클럽을 경험한 뒤에 아스널을 집처럼 느끼고 있다.
그가 앞으로도 오랫동안 우리와 함께하길 바란다.

ARTETA

이어진 시즌에서 중요한 승부처는 10월 8일에 열린 맨시티전에서 펼쳐졌다. 두 팀이 지난 시즌 막판까지 리그 우승을 경쟁했고 이번 시즌도 두 팀이 우승 후보인 만큼 이 경기는 남은 시즌에 있어 매우 중요한 역할을 할 수 있는 경기였다. 외데고르는 주장으로서 선발 출전했고 양 팀은 치열한 승부를 벌였다. 결국 승부는 마르티넬리가 골을 기록한 아스널의 승리로 끝났고 이 승리는 아스널이 더욱 강력한 우승 후보로 한 단계 더 성장했다는 것을 상징적으로 보여 주는 승리였다. 이후 아스널과 외데고르가 계속해서 리그 우승 경쟁을 이어 가던 2월에 외데고르에게 유의미한 기록이 달성됐다. 2월 11일에 열린 웨스트햄 원정 경기에서 외데고르는 2003/04시즌 이후로 한 경기에서 최초로 100회 패스 성공(107회)을 기록한 선수가 됐고 같은 경기에서 5회 찬스를 만들고 직접 2골을 기록하며 완벽에 가까운 미드필더로서의 활약을 보여 줬다.

이후 외데고르는 아스널이 시즌 막바지까지 계속 맨시티, 리버풀과 우승 경쟁을 하는 데 아주 중요한 역할을 했다. 그는 2월 18일 번리전, 3월 5일 셰필드전, 4월 4일 루튼전에서 모두 전반전 이른 시간에 선제골을 기록하며 이 경기들에서 모두 팀이 승리하는 데 선봉장으로서의 역할을 했다.

또, 4월 24일 첼시전에서는 한 경기에서 8회 기회를 창출하고 이 중 2어시스트를 기록했는데, 이 기록은 2017년 외질이 에버튼전에서 기록했던 한 경기 8회 기회 창출과 동일하게 아스널 선수가 프리미어리그에서 만든 최다 기록이었다.

이 시즌, 외데고르와 아스널은 우승 경쟁자였던 맨시티에 패하며 우승 기회를 놓쳤던 직전 시즌과 비교하면 2차례의 맨시티전에서 1승 1무로 오히려 더 우세하게 경기를 마치는 모습을 보여 줬다. 하지만 아르테타 감독 이전에 잠시 아스널을 이끌었던 우나이 에메리 감독이 이끄는 아스톤 빌라에게 2패를 당한 것이 뼈아팠다. 실제로 아스널은 4월 14일 아스톤 빌라 원정에서 0-2 패배를 당한 후 남은 6경기에서 전승을 거뒀지만 마찬가지로 시즌 막판에 프리미어리그 역사상 최초의 4시즌 연속 우승을 노렸던 맨시티에 결국 승점 2점 부족한 2위로 시즌을 마감하게 됐다. 외데고르와 아스널 모두에게 매우 아쉬운 리그 2위 마무리였지만, 승점 5점 차로 맨시티에 이어 2위를 기록했던 전 시즌에 비해 한 발 더 우승에 다가간 모습으로 시즌을 마감한 셈이었다.

ARSENAL AVENGERS

RICE
데클란 라이스

FOCUS

PFA올해의 팀에 선정된 5인의 아스널 선수와 외데고르의 중요한 동료들

아스널이 아쉽게 우승을 놓친 2023/24시즌, 시즌 종료 후 PFA(프로축구선수협회)에서 선정하는 올해의 프리미어리그 팀 베스트11 중 외데고르를 포함한 5명의 선수가 아스널 선수였다. 그만큼 아스널의 선수들이 뛰어난 활약을 했다는 것이 같은 선수들의 시각에서도 입증된 셈이다. 이 다섯 명의 선수들은 비단 2023/24시즌 좋은 활약을 했을 뿐만 아니라 아스널의 중요한 선수들이자 외데고르의 동료로 앞으로도 외데고르와 함께 리그 우승을 위해 도전해 나갈 선수들이다. 그 다섯 명의 선수들의 활약상에 대해서, 또, 이 리스트에는 포함되지 않았지만, 현재의 아스널에서 결코 언급하지 않을 수 없는 중요한 선수들에 대해서도 소개해 본다.

아스널 역대 최고 기록인 1억 500만 파운드(영국 BBC 보도 기준)의 이적료로 웨스트햄을 떠나 아스널로 이적한 첫 시즌부터 리그 전 경기(38경기)에 출전하며 프리미어리그 기준 7골 8어시스트를 기록하는 등 전천후 활약을 보여 준 라이스가 아스널에서의 첫 시즌부터 PFA 올해의 팀에 선정됐다. 특히, 그는 루튼 타운전에서 96분에 골을 기록해 팀의 4-3 승리를 돕는 등 단순히 숫자뿐 아니라 중요한 순간에 중요한 역할을 해내며 아스널 팬들이 공식 홈페이지를 통해 뽑은 올해의 선수 2위에 선정되기도 했다. (1위는 이 책의 주인공인 마르틴 외데고르다.)

SALIBA
윌리암 살리바

MAGALHIES
가브리엘 마갈량이스

2019년 7월에 일찌감치 아스널과 계약을 체결한 후 2022/23시즌에 드디어 아스널에서 데뷔를 가진 살리바는 특히 2023/24시즌에서 프리미어리그는 물론 유럽 최고의 센터백 중 한 명으로 성장했다. 이 시즌, 리그에서 전 경기 풀타임을 소화했고 이것은 1989/90 시즌 아스널의 '철의 포백'의 일원이었던 리 딕슨 이후 아스널 선수에게서 처음 나온 기록이다. 또 이 시즌 그는 213회 소유권 탈환의 기록을 남겼는데, 이 역시 프리미어리그 센터백 중 최다 기록이었다. 이런 활약에 힘입어 그는 PFA 올해의 팀 선정에 더해 아스널 팬들이 뽑은 올해의 선수에서 3위를 차지했다.

2023/24시즌, 리그에서 2경기를 제외한 모든 경기에 출전했고 총 4골에 기여했던 브라질 출신 센터백 가브리엘도 아스널의 성공에 중요한 역할을 하고 있는 선수다. 특히 그는 12월 리버풀 1 대 1 경기에서 골을 기록하기도 했다. 2020년 9월에 릴을 떠나 아스널에 입단한 후로 아스널 수비의 중요한 선수로 활약하고 있는 그는 입단 시점부터 2023/24시즌까지 프리미어리그의 모든 수비수 중 최다골을 기록하고 있는 선수이기도 하다.

다비드 라야

부카요 사카

2023/24시즌, 9월에 열린 토트넘과의 북런던 더비에서 브레넌 존슨의 골을 환상적인 선방으로 막아 내며 이달의 선방상을 수상하기도 했던 라야는 리그에서 29실점만을 내주며 16경기에서 클린 시트를 기록하며 골든 글러브를 수상했다. 그는 챔피언스리그에서도 4번의 클린시트를 기록했고, 16강 포르투전에서는 승부차기에서 두 차례 상대의 페널티킥을 막아 내며 팀의 승리를 이끌기도 했다.

이 시즌의 PFA 올해의 팀에 선정되지 않은 가장 의외의 선수 중 한 명이었지만(2022/23시즌엔 선정) 2023/24시즌은 물론 최근 수년간의 아스널을 논하는 데 있어 결코 빼놓을 수 없는 중요한 선수는 단연 부카요 사카다. 아스널 아카데미 출신의 사카는 2023/24시즌에 리그에서 16골, 모든 대회에서 20골을 기록하며 아스널 구단 내 최다득점자가 됐다. 또한 이 시즌 중 그는 아스널 200번째 경기에 출전하고 리그에서 9회의 어시스트, 챔피언스리그에서 4회의 어시스트를 기록하는 등 골과 어시스트 양면에서 모두 뛰어난 활약을 펼쳤다. 이미 2021, 2022년 모두 아스널 올해의 선수에 선정됐던 사카는 이후로도 외데고르와 함께 아스널 성공의 핵심 선수가 될 것이다.

MARTINELLI

가브리엘 마르티넬리

2023/24시즌, 총 35경기에 출전해 10골에
관여한(6골 4어시스트) 마르티넬리 역시 10월에
열렸던 맨시티전에서의 결승골, 2월에 있었던
리버풀전에서의 핵심적인 두 번째 골 등 중요한
순간에 중요한 역할을 해 주는 선수다. 2022/23시즌
아스널의 공동 최다득점자였던 그는 2019년 7월
아스널에 입단한 후 데뷔 시즌에 모든 대회에서
10골을 기록하고 첼시전 2 대 2 무승부에서 기록한
골로 아스널 시즌 최고의 골에 선정되는 등의 활약을
보이기도 했다.

HAVERTZ

카이 하베르츠

2023/24시즌 아스널에서 데뷔한 하베르츠는 첫
시즌부터 프리미어리그에서만 13골 7어시스트,
총 20골에 관여하고 유럽 대회에서 한 골을 더
추가하며 최고의 활약을 보였다. 시즌 초반 공격적인
미드필더로서의 역할을 수행하던 하베르츠는 시즌
후반부터는 공격수로서의 역할을 부여받으며
시즌 후반 14경기에서 8골을 기록하는 최고의
모습을 보였다. 그는 이런 활약 속에 사카와 함께
2023/24시즌 아스널에서 두 차례 이달의 선수에
선정된 두 선수 중 한 명이 됐고, 전 세계의 아스널
팬들이 그가 이후로 첫 시즌 후반기의 모습을 이어 갈
수 있기를 기대하고 있다.

04

벵거 감독과의 재회,
외데고르와 아스널의 '커리어 모드'

외데고르는 이 책에서 다룬 모든 과정을 다 거친 후에도 여전히 '25세'에 불과한 어린 선수다. 어쩌면 이미 25세에 이 많은 과정들을 거쳤다는 그 자체가 외데고르라는 선수 외에 다른 유사한 예가 없는, 그래서 그 자체가 그의 특별한 존재감을 증명하는 증거일지도 모른다.

2023/24시즌, 아스널이 아쉽게 프리미어리그 우승 경쟁을 2위로 마감하면서 외데고르와
아스널의 다음 목표는 자연스럽게 다가오는 2024/25시즌 프리미어리그 우승에 더 나아가
아스널에서 가능한 한 더 많은 우승을 거두는 것이 됐다. 어쩌면 아르센 벵거 감독 시절에
눈앞에서 놓쳤던, 그래서 전 세계 아스널 팬들의 꿈이자 희망인 챔피언스리그 우승에 도전하는
것도 외데고르, 또 아르테타 감독의 앞에 놓인 더 장기적인 목표일 수도 있다.

외데고르가 어린 나이부터 많은 시련과 어려움을 겪고 마침내 '집'이라고 부를 수 있는
아스널에 정착하기까지의 이야기를 마무리하면서, 어쩌면 가장 적절한 마무리는 그와 아스널의
인연이 시작됐던 그 순간에 있었던 중요한 인물인 아르센 벵거 감독과 외데고르의 재회에 대한
이야기일지도 모른다. 그래서 외데고르와 벵거 감독의 두 번째 만남에서 가진 대화, 그리고
외데고르가 아스널에 처음 입단할 때 떠올렸던 자신의 어린 시절에 대한 이야기로 외데고르와
아스널이라는 축구계에 중요한 두 존재에 대한 이야기를 마무리하고자 한다.

2022년, 12월 박싱데이 일정 중 아스널이 웨스트햄에 3 대 1 승리를 거둔 이후 외데고르는
아르센 벵거 감독과 다시 만났다. 그날은 외데고르가 벵거 감독과 처음 만나 스테이크를 함께
먹으며 '지금 감자튀김을 먹으면 벵거 감독님이 나를 안 좋게 볼까?'라는 생각에 감자튀김을 안
먹었던 그날, 즉 외데고르가 아스널과 레알 마드리드 사이에서 다음 행선지를 아직 선택하지
않았던 시기의 만남 이후 처음 두 사람이 만난 자리였다. 이날 만남에 대해 외데고르는 다음과
같이 회상했다.

우리는 아주 좋은 대화를 나눴고 벵거 감독님은 제가 레알 마드리드로 간 후에도
저를 계속 지켜보셨다고 말씀하셨습니다.
그는 매우 솔직했고, 한때 제 커리어에 대해 걱정을 한 적도 있었다고 말해 줬죠.
하지만 지금은 제가 올바른 환경에서 잘하고 있는 모습을 보아서 매우 행복하다고 말해 줬습니다.
저를 지켜보면서 그는 제게서 한 가지를 확실히 느꼈던 것 같습니다.
실제로, 제가 노르웨이를 떠난 후로 저는 항상 모든 것이 '일시적인' 상황에서 지냈습니다.
한곳에 계속 머물지 못하고 계속 단기적으로 떠돌았고,
그 깊은 유대감이 없다는 것이 저에겐 아주 중요했습니다.

외데고르 본인의 고백대로, 또 벵거 감독이 느꼈던 문제점처럼, 외데고르에게 오랫동안 가장
큰 어려움으로 작용했던 것은 레알 마드리드에서 1군과 훈련하고 2군에서 경기를 하면서 느낀
'아웃사이더' 같은 느낌, 네덜란드로 임대를 떠나서 뛰고, 스페인으로 돌아와서 레알 소시에다드에서
좋은 활약을 보였으나 원소속 팀에서 호출하여 원소속 팀으로 돌아왔다가 다시 임대를 떠나야 하는,

전반적으로 너무 어린 나이부터 계속해서 떠돌아다녀야 하는 상황이었다. 그러나
외데고르는 더 이상 그 문제를 겪고 있지 않다. 그는 아스널에서 자신의 '집'을
찾았고, 아스널은 외데고르에게서 창의적이고 젊고 롤모델이 될 수 있는 캡틴을
찾았다. 그 둘의 만남은 서로에게 매우 절실하고 또 잘 어울리는 조합이었을지도
모른다. 사실, 아스널로 이적하기 훨씬 전부터, 외데고르는 '아스널 선수'였다.
실제로 뛰는 선수가 아니라 유명 축구 게임 FIFA 시리즈에서였지만 말이다. 그
일에 대한, 그리고 운명적인 아스널 이적에 대한 외데고르 본인의 회상이다.

저는 아스널로 이적하기 훨씬 전부터 아스널과 이상한 연결고리가 있었습니다.
어떻게 설명해야 할지도 모르겠지만, 이야기하자면 이렇습니다.
저는 비디오 게임을 아주 많이 한 편은 아니었지만,
한 가지 예외가 FIFA 게임이었습니다. 저는 주로 커리어 모드를 즐겨 했죠.
커리어 모드는 자신이 감독으로서 플레이하는 모드입니다.
FIFA 게임에서 커리어 모드를 할 때 저는 항상 아스널을 골랐습니다.
아스널은 저의 FIFA 팀이었던 셈입니다.
2015년 정도부터 제가 FIFA 게임에 등장하기 시작했습니다.
처음에는 별로 저랑 비슷하지도 않았죠. 능력치도 67인가밖에 안 됐습니다.
하지만 제가 그 게임 안에 있다는 것은 저에겐 큰 일이었습니다.
그래서 제가 처음 한 것은 커리어 모드로 게임을 해서
마치 제가 아르센 벵거 감독이 된 것처럼 저를 영입하는 것이었죠.
하하! 저와 아스널은 제 머릿속에 늘 그렇게 좋은 조합이었습니다.

자신이 좋아하는 게임(FIFA)에서 자신이 늘 골랐던 팀이고 그래서 그 팀에서
스스로 게임 내 캐릭터인 외데고르를 영입하곤 했던 외데고르가 현실에서
아스널의 선수가 되고 주장이 되어 아스널과 함께 프리미어리그 우승을 위해 싸워
나가고 있으니, 어쩌면 외데고르야말로 축구판에서 가장 드라마틱하게 자신의
꿈을 현실에서 살아 나가고 있는 주인공일지도 모른다. 그리고 그 자신의 말
그대로, 외데고르의 꿈은 아직 끝나지 않았다. 그 꿈은 지금도 계속되고 있으며,
외데고르에게 최고의 순간은 아직 오지 않았다.

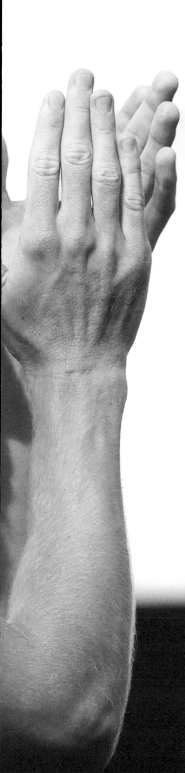

COLUMN 이 책의 초고가 완성된 후 최종 교열본이 마무리되는 사이에 진행된(현재 진행 중인) 2024/25시즌, 외데고르는 안타깝게도 시즌 초반에 당한 부상으로 12경기에 결장했다. 팀 주장이 부상으로 빠지는 사이 아스널도 다소 불안한 모습을 보이기도 했으나 11월 23일 현재 리그 4위로 다시 상위권에서 1위권으로 도약할 준비를 하고 있다. 외데고르의 부상은 아스널 경기 중이 아닌 9월 9일 오스트리아 대 노르웨이의 국가대표팀 경기 중에 발생했다. 아스널은 이 소식을 9월 13일에 공식 홈페이지를 통해 발표했고, 그는 결국 그 직후 경기였던 토트넘과의 북런던 더비를 시작으로 9월과 10월 전체 경기를 결장했고, 11월 10일 첼시전에서 복귀해 자신의 복귀전부터 마르티넬리의 골을 어시스트하며 팀의 1 대 1 무승부를 이끌었다.

이 어시스트는 외데고르가 2024년에 기록한 오픈플레이 상황에서의 8번째 어시스트였고 2024년에 같은 조건에서 더 많은 어시스트를 기록한 선수는 프리미어리그에 오직 두 선수, 콜 팔머(11)와 모하메드 살라(9)뿐이었다. 아스널은 공식 홈페이지를 통해서 외데고르의 이 첼시전 활약에 대해 "첼시 수비의 문을 연 것은 부상에서 복귀한 외데고르였다"고 평가했고 이것은 과정과 결과 모두에 반영된 '팩트'였다. 이 책의 앞 장을 통해서도 소개했듯 아르테타 감독이 만들어 가고자 하는 아스널에 젊은 리더이자 유럽 정상의 찬스 메이커인 외데고르의 존재는 매우 중요하며, 이는 전 세계의 아스널 팬들도 동의하는 바이다.

한편, 외데고르가 부상으로 빠지고, 아스널이 다른 부상자들의 상황 등 여러가지 면에서 시즌 초반 이전 시즌들에 비해 고전하는 것처럼 보인 측면도 있지만, 이 시즌 프리미어리그 최상위권 팀들 중 누구보다 고전하고 있는 것은 지난 2시즌 동안 아스널과 시즌 마지막까지 우승 경쟁을 했던 맨시티였다.

맨시티는 챕 과드니올라 감독 부임 후 첫 3연패를 겪는 등 불안한 모습을 보이고 있고 그로 인해 2024/25시즌
프리미어리그는 그 어떤 시즌보다도 모든 가능성이 열린, 한 치 앞을 예상하기 어려운 양상으로 이어지고 있다.
그런 상황 속에서 본격적으로 국가대표팀 일정 기간이 지난 후 펼쳐진 첫 경기였던 11월 23일 아스널 대
노팅엄 포레스트의 경기에서 외데고르는 선발 출전해 경기 내내 중원을 지배했다. 그가 있을 때의 아스널과

없을 때의 아스널이 얼마나 다른지를 보여 주는 그야말로 팀의 '주장'다운 모습으로 팬들과 언론, 아르테타 감독으로부터 뜨거운 환영을 받기도 했다.

이어질 2024/25시즌, 아스널이 부상에서 복귀한 외데고르와 함께 어떤 결과를 만들어 낼 수 있을지 전 세계의 아스널 팬들과 외데고르 팬들의 관심이 집중되고 있다.

Special
Norwegian
Captain,
Martin

"
외데고르의 리더십은 쉽게 배울수 없다.
그의 실력 역시 그렇다.
"

_ 엘링 홀란드

01

노르웨이 축구의 희망이 된 천재 소년, 22세에 주장이 될 때까지

외데고르의 등장과 그에 대한 노르웨이 축구팬들, 또 더 국가 전체적인 기대와 그 배경에 대해서는 2장에서 소개한 바와 같다. 다시 한번 요약하자면 외데고르는 1990년대에 축구 전성기를 맞이한 노르웨이의 축구가 다시 하락세로 접어들던 시기에 혜성같이 나타나 유럽 최고의 명문 구단들의 구애를 받은 끝에 유럽 챔피언스리그 최다 우승 팀인 레알 마드리드에 입단한 선수고, 자연스럽게 노르웨이 축구팬들의 관심과 자부심의 대상이 되었다.

외데고르의 첫 대표팀 경기는 2013년 9월에 있었던 U-15 팀의 스웨덴전이었다. 이후 U-16, U-17 팀을 거쳐 2014년 9월에는 유로 2015 U-21 대회 노르웨이 대표팀에 선발됐으며 이 당시 포르투갈전에서 맨 오브 더 매치에 선정되기도 했다. 2장에서 소개한 노르웨이 출신의 EPL 스타 플레이어였던 모튼 감스트 페데르센으로부터 외데고르에 대한 극찬이 나온 것이 바로 이 시기였다.

이런 과정을 거쳐 외데고르는 2014년 8월 19일 아랍에미리트(UAE)전을 앞두고 처음으로 1군 대표팀에 소집됐고 이날 경기 출전으로 15세 253일 나이로 최연소 국가대표팀 기록을 경신했다. 또, 이후에는 유로 2016 예선전 불가리아전에 출전하면서 유로 역사상 최연소 데뷔 선수 기록(15세 300일)도 경신했다. 이 시기가 바로 외데고르가 각종 최연소 기록을 경신하며 본격적으로 노르웨이 축구의 새 희망으로 떠오른 시기였다. 당시 현지의 분위기는 '외데고르 신드롬'이라 불러도 부족하지 않을 정도로, 외데고르를 기용하지 않는다는 이유로 대표팀 감독이 팬들의 비판을 받고 해명을 해야 하는 수준이었다.

불가리아전에서 보여 준 외데고르의 활약에 대해서는 당시 영국 유력지 가디언에서 다음과 같이 평가하기도 했다.

외데고르는 이날 유로 대회 역사상 최연소 데뷔 기록을 경신했고, 이날이 성인 대표팀 두 번째 출전이었을 뿐인데도 출전하자마자 노르웨이에 창의력을 불어넣었다.

이처럼 엄청난 기대를 모으며 대표팀에 데뷔한 외데고르는 이후 한동안 클럽과 대표팀 모두에서 어려운 시기를 보내게 된다. 클럽 축구의 경우 네덜란드 리그 비테세 임대 시절을 거쳐 라리가 클럽 레알 소시에다드에서 확실하게 결과를 보여 주며 분위기 반전에 성공했지만, 대표팀의 경우는 조금 달랐다. 어린 나이에 아스널, 노르웨이의 주장이 된 외데고르에게 어쩌면 앞으로 더 달성해야 할 목표는 대표팀에서의 성과일 수도 있음을 보여 주는 대목이다.

외데고르는 이후 유로 2020 예선 경기였던 2019년 6월 7일 루마니아전에서 대표팀 데뷔골 기록했다. 노르웨이가 루마니아에 1 대 0으로 앞서고 있던 후반 25분에 추가골을 기록한 것이다. (이 경기는 이후 루마니아가 2골을 기록하면서 2 대 2로 마무리됐다.)

그러나 이 무렵부터 외데고르 본인에게도 팬들에게도 현재까지 그의 커리어에 가장 큰 아쉬움으로 남고 있는 '국가대표팀 메이저 대회 성적'의 이슈가 이어지기 시작한다.

유로 2020 예선에서 외데고르와 노르웨이는 스페인, 스웨덴, 루마니아, 파루 제도, 몰타와 함께 한 조에 속했다. 전력상 스페인이 최강인 것은 처음부터 명확했고 본선행 직행을 놓고 북유럽의 두 나라인 스웨덴과 노르웨이가 경쟁을 치러야 하는 양상의 조편성이었다.

실제로, 북유럽의 이 두 나라는 2차전에서 맞붙어 치열하게 싸운
끝에 3 대 3 무승부를 거뒀고 외데고르 역시 이날 경기에 출전했다.
노르웨이가 두 골을 먼저 기록하며 승기를 가져갔지만, 이후 후반전에
3골을 내리 내줘 역전패를 당할 위기에 몰렸다가, 후반 추가시간
7분에 터진 카마라의 골로 3 대 3 동점으로 경기가 마감된 것이다.
참고로, 이렇게 이기고 있다가 후반 막판에 갑자기 연속골을 내주며
비기거나 지는 경기 양상은 노르웨이가 이 대회 전에도 후에도
계속해서 보이고 있는 고질적인 문제점이다.
이 바로 다음 경기에서도 같은 일이 벌어졌다. 외데고르의 대표팀 첫
골이 터지며 노르웨이가 루마니아에 2 대 0으로 앞서며 승점 3점을
거머쥐는 것 같았지만, 후반 32분과 추가시간 2분에 2골을 내주며
무승부에 그친 것이다. 이 2경기에서 노르웨이는 똑같이 후반에
갑자기 무너지는 이슈로 승점 6점을 얻을 수 있었던 경기에서 2점을
얻는 데 그쳤다. 최종 순위에서 2위 스웨덴과 노르웨이의 승점 차는
정확히 4점 차이였다.
노르웨이가 스웨덴을 제치고 2위를 차지할 수 있었던 마지막 기회는
스웨덴 대 노르웨이의 2번째 맞대결이었다. 이 경기에서도 노르웨이는
45분에 선제골로 앞서갔으나 후반전에 추격골을 허용하며 결국 1 대
1 무승부에 그쳤고 그렇게 스페인, 스웨덴에 이어 조 3위로 유로 2020
예선전을 마무리했다. 이후 노르웨이는 플레이오프에서 세르비아와
만났지만 1 대 2로 패하며 유로 2020 본선 진출에 실패했다.

한편, 2021년 3월, 월드컵 지역 예선을 준비 중이던 노르웨이의 새
사령탑인 스톨레 솔바켄 감독이 외데고르를 새 주장에 임명했다.
2017년부터 대표팀 주장을 역임하고 있던, 셀틱, 풀럼 등을 거치며
활약한 31세의 미드필더 스테판 요한센이 대표팀 은퇴를 발표하자
새로운 주장으로 아직 22세였던 외데고르를 주장에 임명한 것이다. 이
선임에 대한 솔바켄 감독의 입장이다.

**선수들 중에는 어릴 때부터 이런 자질을 갖고 태어나 성장하는
선수들이 있다. 어떤 선수들에게는 주장이 되는 것이 추가적인
부담으로 다가오지만 말이다. 외데고르는 대표팀 주장이 될 준비가
충분히 된 선수다. 이번 선정은 대표팀 코치들, 스태프들의 검토
후 내가 몇몇 선수들과도 만나 대화를 가진 후에 내린 결정이다.
외데고르는 이미 유럽 축구계에서 많은 경험을 가진 선수이기도 하다.**

이때 외데고르는 15세의 나이에 대표팀에 데뷔한 후 성인대표팀에서
25경기에 출전한 상태였다. 외데고르는 대표팀 주장이 된 것에 대해
큰 기쁨을 밝히며, 그 와중에도 전임 주장에 대한 예우를 잊지 않았다.

요한센이 대표팀을 떠나는 것은 아쉬운 일이다. 그는 경기에서도 밖에서도 아주 훌륭한 주장이었다.

노르웨이의 주장이 된다는 것은 선수로서 경험할 수 있는 가장 중요한 일 중 하나다.

감독님이 나를 주장에 임명한 것은 내가 현재 대표팀에서 잘하고 있다는 의미라고 생각한다.

주장이 됨에 따라 추가적인 책임감이 있겠지만, 나는 준비가 됐다.

젊은 나이의 주장들

만 23세의 나이에 아스널 주장이 된 외데고르는 주장 임명 당시 주장이 되기에는 너무 어린 것이 아닌가라는 우려 섞인 시선을 받은 것도 사실이다. 그러나 축구계의 많은 위대한 주장들 중에는 그와 같은 나이거나 오히려 더 어릴 때부터 주장직을 수행한 선수들이 있으며 이는 비단 먼 과거분이 아니라 최근에도, 또 그와 현재 함께 뛰고 있는 동료 선수들에게도 벌어졌던 일이다. 축구계의 '젊은 캡틴'에는 수많은 예시가 있지만, 그중에서 외데고르와 유사한 포지션이거나 유사한 환경 혹은, 아스널과 연관 있는 사례들을 살펴본다.

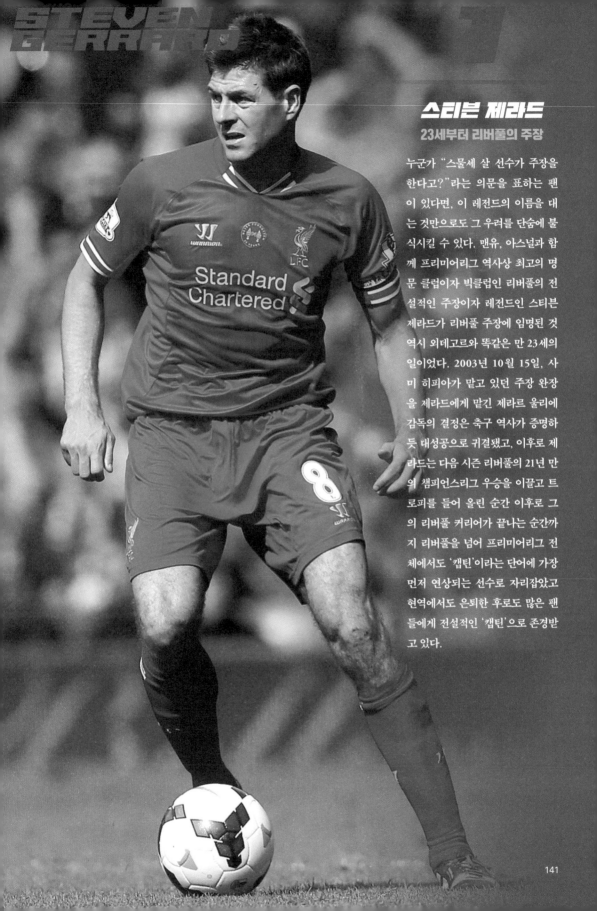

스티븐 제라드
23세부터 리버풀의 주장

누군가 "스물세 살 선수가 주장을 한다고?"라는 의문을 표하는 팬이 있다면, 이 레전드의 이름을 대는 것만으로도 그 우려를 단숨에 불식시킬 수 있다. 맨유, 아스널과 함께 프리미어리그 역사상 최고의 명문 클럽이자 빅클럽인 리버풀의 전설적인 주장이자 레전드인 스티븐 제라드가 리버풀 주장에 임명된 것 역시 외데고르와 똑같은 만 23세의 일이었다. 2003년 10월 15일, 사미 히피아가 맡고 있던 주장 완장을 제라드에게 맡긴 제라르 울리에 감독의 결정은 축구 역사가 증명하듯 대성공으로 귀결됐고, 이후로 제라드는 다음 시즌 리버풀의 21년 만의 챔피언스리그 우승을 이끌고 트로피를 들어 올린 순간 이후로 그의 리버풀 커리어가 끝나는 순간까지 리버풀을 넘어 프리미어리그 전체에서도 '캡틴'이라는 단어에 가장 먼저 연상되는 선수로 자리잡았고 현역에서도 은퇴한 후로도 많은 팬들에게 전설적인 '캡틴'으로 존경받고 있다.

패트릭 비에이라

19세에 칸 주장
26세부터 아스널 주장

제라드와 토티는 많은 설명이 필요 없는 축구계의 레전드 미드필더지만, '아스널'과는 아무 관계가 없는 선수라고 생각하는 아스널 팬들이 있다면, 그와 유사한 에이저 또 다른 위대한 미드필더가 다른 클럽이 아닌 아스널의 역사에 남아 있다. 아스널의 '무패 우승' 당시 주장이었던 패트릭 비에이라가 아스널의 주장이 된 것은 26세의 일이었지만, 사실 그는 이미 19세의 나이에 프랑스 클럽 칸의 주장을 맡은 경험이 있었다. 이미 10대부터 남다른 리더십을 인정받아 가능했던 일이다. 비에이라가 19세에 칸의 주장을 맡았던 것은 다름 아닌 아스널 공식 홈페이지에 소개된 구단과 비에이라 본인의 인터뷰에서도 소개된 바가 있는데, 이에 대해 비에이라는 "칸에서 뛰던 시절부터 감독이 나를 리더로 여겼고 그것은 나의 말이 아니라 피치 위에서 보여 주는 행동 때문이었다. 나는 어릴 때부터 늘 아주 강한 의지가 있었고 그것이 나의 축구였고, 내가 축구에서 성공할 수 있었던 이유였다"고 말했다. 그리고 그런 그의 어린 시절부터 드러난 강한 의지와 리더십은 훗날 아스널에서 더욱 큰 빛을 보게 된다.

프란체스코 토티
22세부터 AS 로마의 주장

제라드와 함께 비슷한 시대를 거쳐
간 가장 위대한 '캡틴' 중 한 명으로
손꼽히는 이탈리아 축구의 레전드
프란체스코 토티도 제라드, 외데고
르보다 한 살 적은 22세부터 AS로
마의 주장을 맡아 현재까지도 가장
성공적인 축구계의 '캡틴' 중 한 명
으로 존중받고 있다. 1998년, 22세
의 나이에 클럽의 정식 주장이 된
기록은 세리에A 역대 최연소 기록
이었고(임시 주장을 제외한 기록),
그는 로마에서 뛰는 동안 786경기
(클럽 최고 기록), 307골(클럽 최고
기록)을 기록하고 수많은 해외 명문
클럽들의 제안을 모두 뿌리치고 로
마에 남으며 축구를 넘어 로마라는
도시를 대표하는 전설적인 '캡틴'으
로 축구 역사에 남았다.

데클란 라이스

23세, 웨스트햄의 주장

제라드, 토티, 비에이라의 예는 대단하지만 너무 옛날 축구가 아닌가? 하는 의문을 품고 있는 독자가 있다면, 현재 아스널에 뛰고 있는 핵심 미드필더인 데클란 라이스 역시 23세의 나이에 웨스트햄 주장을 맡아 팀을 UEFA 유로파컨퍼런스리그 우승으로 이끌고 자신이 직접 그 대회 최고의 선수에 선정되며 젊은 나이에 리더십과 실력으로 팀을 이끄는 모범적인 사례를 보여 주기도 했다. 아주 오랫동안 웨스트햄의 주장을 맡았던 클럽 레전드 마크 노블의 뒤를 이어야 하는 중책을 맡은 라이스는 비록 이후 아스널로 이적하며 아주 오랜 기간 웨스트햄의 주장직을 수행한 것은 아니지만, 그 기간에도 피치 위에서 모범을 보이며 결과로 팀을 이끄는 젊은 리더십을 보여 줬다. 23세부터 아스널의 주장을 맡고 있는 외데고르와 같은 나이부터 웨스트햄의 주장을 맡았던 라이스가 동시에 뛰고 있는 아스널은 앞으로 오래 클럽을 이끌 수 있는 젊은 리더들과 함께 클럽을 키워 나갈 수 있는 상황인 것이다.

AARON RAMSEY

CESC FABREGAS

아론 램지
20세에 웨일스 주장

$\times$

세스크 파브레가스
21세에 아스널 주장

끝으로, 비에이라, 라이스와 마찬가지로 아스널 팬들에게 익숙한 미드필더들인 아론 램지와 세스크 파브레가스 역시 젊은 나이에 주장을 역임한 경력이 있는 선수들이다. 아론 램지의 경우 2011년 3월에 20세 90일의 나이로 웨일스 대표팀의 정식 주장이 되며 웨일스 축구 역사상 최연소 주장이 된 경력이 있으며, 파브레가스는 2008년 11월 윌리엄 갈라스의 후임으로 팀의 정식 주장으로 임명된 후 그다음 시즌인 2009/10시즌 리그에서만 직접 15골을 기록하는 등 맹활약을 보이며 팀의 주장이자 핵심 선수로서 활약했다. 이렇듯, 축구계에서 '젊은 캡틴'은 과거의 축구계에도 현재의 축구계에도 빛나는 것이지만, 특히 아스널의 역사에서는 결코 낯설지 않은 예다.

02

외데고르와 홀란드, 그리고 노르웨이,
외데고르 커리어에 남은 과제는?

2021년 3월, 월드컵 지역 예선을 준비 중이던 노르웨이의 새 사령탑인 스톨레 솔바켄 감독이 외데고르를 새 주장에 임명했다. 셀틱, 풀럼 등을 거치며 활약한 31세의 미드필더 스테판 요한센이 2017년부터 대표팀 주장으로 역임하고 있었는데, 2021년 요한센이 대표팀 은퇴를 발표하자 새로운 주장으로 아직 22세였던 외데고르를 임명한 것이다. 이 선임에 대한 솔바켄 감독의 입장이다.

어릴 때부터 리더십이 타고난 선수들이 있다. 어떤 선수들에게는 주장이 되는 것이 추가적인 부담으로 다가오겠지만, 외데고르는 대표팀 주장이 될 준비가 충분히 된 선수다. 이번 선정은 대표팀 코치들, 스태프들의 검토 후 내가 몇몇 선수들과도 만나 대화를 가진 후에 내린 결정이다. 외데고르는 이미 유럽 축구계에서 많은 경험을 하고 배운 선수다.

이때 외데고르는 15세의 나이에 대표팀에 데뷔한 후 성인 대표팀에서 25경기에 출전한 상태였다. 외데고르는 대표팀 주장이 된 것에 대해 큰 기쁨을 밝히며, 그 와중에도 전임 주장에 대한 예우를 잊지 않았다.

요한센은 경기장 안에서도 밖에서도 훌륭한 주장이었기에 그가 대표팀을 떠나는 건 무척 아쉽다. 하지만 노르웨이의 주장이 된다는 것은 선수로서 경험할 수 있는 가장 중요한 일 중 하나다. 감독님이 나를 임명한 것은 내가 현재 대표팀에서 잘하고 있다는 의미라고 생각한다. 주장이 됨에 따라 추가적인 책임감이 있겠지만, 나는 준비가 됐다.

한편, 외데고르가 새 주장으로 임명됐던 이 시기보다 조금 빠른 2019년과 2020년 무렵부터 노르웨이 축구계에는 외데고르 외에 또 한 명의 걸출한 스타 플레이어가 탄생해 이 두 선수를 중심으로 새 미래를 만들어 가려는 분위기가 형성되기 시작했다. 1998년생인 외데고르보다 2년 늦게 출생한 홀란드가 그 주인공이다.
홀란드 역시 독특한 성장 과정을 가진 선수다. 그는 당시 프리미어리그 팀 리즈 유나이티드에서 선수로 뛰고 있던 아버지 알피 홀란드의 영향으로 실제로 잉글랜드 리즈에서 태어나 3세의 나이에 노르웨이로 이주한 선수다.
유소년 시절 노르웨이 4부 리그 클럽에서 득점력을 선보이기 시작하며 성장한 그는 16세에 입단한 클럽 몰데(Molde)에서부터 본격적으로 주목받기 시작했고 2018년에 오스트리아 클럽 잘츠부르크로 이적해 해외 무대에서도 엄청난 득점력을 선보이기 시작한다. 이때 황희찬과도 함께 뛰면서 국내 팬들에게도 일찌감치부터 존재감을 보이기 시작했다.
홀란드가 외데고르와 함께, 노르웨이 1군 대표팀에서

뛰기 시작한 시점은 2019년 9월부터다. 그의 데뷔전은 2019년 9월 5일 몰타전에서 나왔고, 그는 약 1년이 지난 2020년 9월 2020/21 UEFA 네이션스리그 B 오스트리아전에서 대표팀 첫 골을 기록했다. 이후, 북아일랜드전에서 2골을 기록한 홀란드는 이어진 루마니아전에서 해트트릭을 기록하며 성인 대표팀 기록을 6경기 6골로 만들며 본격적으로 외데고르와 함께 노르웨이 대표팀의 새로운 희망으로 인정받게 된다. 이렇게 주장 외데고르와 새로운 대표팀 주포로 자리잡게 된 홀란드라는 이미 유럽에서 높은 능력을 인정받는 콤비를 보유한 노르웨이였지만 그들은 유로 2020에 본선 진출 실패에 이어 2022 월드컵 지역 예선에서도 아쉽게 플레이오프 진출에 실패하며 또 한 번의 시련을 맛보게 된다.

유럽 G조에 속했던 노르웨이는 네덜란드, 터키, 몬테네그로, 라트비아, 지브롤터와 한 조에서 총 10경기를 치르며 월드컵 본선 진출을 노렸다. 유로 2020 당시 같은 조의 최강자가 스페인이었던 것과 유사하게, 이 조에서는 네덜란드가 1위를 차지할 것으로 예상됐고 실제로도 1위를 차지하며 2022 월드컵 본선으로 직행했다. 문제는 2위 싸움이었다. 유로 2020에서 스웨덴과 2위 경쟁을 했던 노르웨이의 이번 경쟁 상대는 터키였다.

노르웨이는 1차전에서 약체 지브롤터에 3 대 0 승리를 거두며 좋은 출발을 했다. 외데고르도 팀의 주장으로 이 경기에 출전했다. 문제는 터키와의 2차전이었다. 전반 4분 만에 터키에 선제골을 내주며 끌려가기 시작한 노르웨이가 0 대 3으로 완패하며 직접적 경쟁자와의 '6점 짜리' 승부처에서 패한 것이다.

이후 노르웨이는 터키와의 2차전에서 무승부에 그치고, 네덜란드와의 2경기에서도 1무 1패에 그쳐 3위로 예선을 마무리하며 월드컵 본선행에 실패했다. 이 월드컵 예선 기간 중에 새 주장인 외데고르가 0골에 그친 것 역시 그에게는 분명 아쉬운 기록이었다. 실제로 일부 유럽 언론 중에는 이후에 외데고르가 이 시기를 포함해 2023년까지 노르웨이 대표팀에서 '4년 동안 1골'을 기록하고 있는 골 가뭄에 대해 지적하는 보도가 나오기도 했다.

유로 2020, 2022 월드컵에서 두 차례 연속으로 본선 진출에 실패한 노르웨이의 새 목표는 유로 2024 본선 진출이었다. 특히, 유로 2024의 경우 참가 팀이 24개팀이었고 노르웨이는 각각의 소속 팀 아스널과

맨시티에서는 물론 리그에서도 정상급 선수로 발돋움한 외데고르, 홀란드라는 두
프리미어리그 스타 플레이어가 있어서 당연히 본선에 진출할 것으로 기대를 모았다.
그러나, 결과적으로 노르웨이는 이번에도 또 한 번 본선 진출에 실패하며 외데고르,
홀란드라는 두 스타가 성인 대표팀에 합류한 뒤로 3연속 메이저 대회 본선 진출
실패라는 아쉬운 결과를 받아들이게 됐다.

지역 예선 1차전에서 노르웨이는 해당 조 최강자인 스페인에 0 대 3으로 패배했다. 3골
차이라는 득점 차는 실망스러웠지만, 상대가 스페인이라는 걸 감안하면 이 패배 자체는
받아들이기 힘든 패배는 아니었다.

그러나 2차전부터 유로 2020에서도, 2022 월드컵에서도 지역 예선 단계에서
노르웨이에 고질적으로 나타난 똑같은 문제가 또 한 번 노르웨이의 발목을 잡았다.
사실상 2위 경쟁팀이었던 스코틀랜드와의 맞대결에서 홀란드의 선제골로 승기를
잡았으나, 후반 42분, 44분에 연속골을 내주며 마지막 5분을 버티지 못하고 승점을
헌납해 버린 것이다. 이 패배로 인해 2위 경쟁자였던 두 팀은 각각 2연패(노르웨이),
2연승(스코틀랜드)으로 예선전을 시작하게 됐고 이 분위기는 결국 끝까지 계속 이어지게
된다. 이후 노르웨이는 홀란드가 두 골을 터뜨리며 사이프러스에 3 대 1 승리를 거뒀고
그다음 경기에서는 홀란드, 외데고르가 나란히 골을 터뜨리며 조지아에 2 대 1 승리를
거두며 2승 2패를 이뤘지만, 스코틀랜드는 4전 전승을 거두며 노르웨이의 추격을
허용하지 않았다.

이런 초반부터 벌어진 격차를 뒤집기 위해서, 노르웨이에게 반드시 필요했던 것은
그들보다 상위 팀인 스페인, 스코틀랜드와의 맞대결에서 승리하는 것이었다. 그러나
노르웨이는 두 팀과의 2차전에서도 각각 0-1 패(스페인), 3-3 무승부(스코틀랜드)에
그치며 두 팀과의 직접 대결에서 승점 차를 줄이는 데 실패했다.

이렇게 지역 예선에서 치른 직접적 경쟁자들과의 맞대결에서 좀처럼 승리를 거두지
못하고 대부분 패배, 혹은 무승부에 그치는 것 역시 노르웨이가 계속해서 반복해서 보여

2022 WORLD CUP QUALIFICATION
UEFA GROUP G _____

	승	무	패	득점	실점	골득실차	승점
NETHERLANDS*	7승	2무	1패	33득점	8실점	+25골득실차	23승점
TURKEY**	6승	3무	1패	27득점	16실점	+11골득실차	21승점
NORWAY	5승	3무	2패	15득점	8실점	+7골득실차	18승점
MONTENEGRO	3승	3무	4패	14득점	15실점	-1골득실차	12승점
LATVIA	2승	3무	5패	11득점	14실점	-3골득실차	9승점
GIBRALTAR	0승	0무	10패	4득점	43실점	-39골득실차	0승점

*2022 FIFA 월드컵 예선 **플레이오프 진출

주고 있는 문제점 중 하나다. 이로 인해 일각에서는 홀란드가 중요한 경기에서
침묵하는 문제점을 비판하는 목소리도 나온 바 있다. 또한, 비록 22세의 어린
나이에 대표팀 주장이 됐지만, 자신이 주장이 된 후 연이어 메이저 대회 본선행에
실패하고 있다는 점에서 외데고르 역시 이것이 향후 자신의 커리어에서 극복해야
할 가장 큰 과제로 남게 됐다.
유로 2024 탈락 후 외데고르는 '가디언'과의 인터뷰에서 이렇게 말했다.

**유로 본선에 꼭 나가고 싶었고 그렇게 하지 못해 크게 실망했다.
우리가 치른 경기의 수나 강도는 정말 높은 수준이었다.
그러니 휴식을 취하는 것은 좋지만,
나는 차라리 휴식을 취하기보다 유로에서 뛰고 싶었다.**

이제 주장으로서 외데고르에게 남은 최대 과제 중 하나는 대표팀을 메이저 대회
본선행으로 이끄는 것이고 그다음 목표는 2026년 월드컵이 될 예정이다.
우선 2026 월드컵이 기존의 32개국에서 48개국으로 참가국이 늘어나면서
유럽에도 기존보다 많은 16개국이 본선에 진출하게 됐다. 이는 노르웨이
대표팀과 외데고르에겐 분명한 호재다. 2026 월드컵 기간에 27세가 될
외데고르에게 있어서도 이번 월드컵이 마침내 자기 자신에게도 가장 큰 과제로
남아 있는 대표팀 메이저대회 본선 진출이라는 숙원을 달성할 기회이기도 하다.
다만, 외데고르와 홀란드라는 두 스타를 지니고 있다고 해서 노르웨이의 월드컵
본선행을 지나치게 낙관하는 것은 위험하다. 이 장에서 살펴봤듯, 지난 3개
메이저대회 예선에서 노르웨이의 발목을 잡은 아킬레스건은 공격이 아니라 수비,
특히 후반전 막판에 한번 골을 실점하면 연속골을 내주고 무너져 버리는 수비
집중력이었기 때문이다. 따라서, 노르웨이가 월드컵 본선에 진출하기 위해서는
외데고르와 홀란드가 이끄는 공격이 아닌 이 부분이 더 먼저 개선될 필요가 있다.
그럼에도 불구하고 주장이자 팀의 플레이메이커로서 외데고르의 발끝에
노르웨이 희망이 모여있는 것 역시 자명한 사실이다. 외데고르로서는 아직
대표팀에서 골 기록이 3골에 머물고 있다는 점을 스스로도 개선하고 싶을 것이고,
그와 함께 노르웨이를 이끄는 홀란드 역시 특히 대표팀 무대에서 '중요한 경기에
약하다'라는 일각의 비판을 대표팀 무대에서도 잠재우고 싶을 것이다.
결국 노르웨이의 월드컵 본선행은 고질적 문제점인 수비 조직력 개선, 그리고
결국은 팀을 위해 해결을 해 줘야 하는 외데고르와 홀란드의 활약에 달려 있다고
볼 수 있다. 그리고 무엇보다도 외데고르와 홀란드라는 두 스타 플레이어가
월드컵 본선에서 활약하는 모습을 볼 수 있기를 전 세계 팬들이 기대하고 있다.
2026 월드컵이야말로 이 두 선수가 세계 최고의 무대에서 자신들의 진가를 보여
줄 수 있을지 기대가 모이는 대목이다.

외데고르가
팀에 있으면
뭔가 다르다

CONCLUSION 2024년 11월 23일, 아스널 '캡틴' 외데고르가 맹활약하며
자신이 부상으로 빠졌던 아스널에 무엇이 부족했는지를
여실히 보여 줬던 노팅엄 포레스트전이 끝난 후 아스널의 아르테타 감독은
외데고르의 복귀와 그의 영향에 대한 질문을 받고 다음과 같이 말했다.
외데고르와 아스널이 함께 만들어 갈 미래에 가장 중요한 역할을 할 또 다른
인물인 아르테타 감독이 가장 최근에 한 이 발언으로, 이 책을 마감한다.

외데고르의 복귀가 우승 경쟁에 있어 최적의 타이밍이었나요?

이런 선수가 팀에 있는 것은 시기와 상관없이 언제나 좋은 것입니다. 경기의
부드러운 흐름, 경기에 대한 이해, 선수들과의 좋은 호흡, 타이밍, 이런 면에서
외데고르는 세계 최고의 선수 중 한 명입니다. 경기 템포를 조율하고, 템포를
늦출 때를 알고, 컨트롤할 때를 알고 하는 것도 마찬가지입니다.

외데고르가 어떻게 팀을 바꾸었는지에 대해 놀라셨나요?

아니요, 그를 매일 지켜보고 있기 때문에 전혀 놀랍지 않습니다. 그가 스스로를
관리하는 방법이나 그가 얼마나 어떤 상황에서도 뛰기 위해 에너지와 용기를
쏟아붓는지 늘 지켜보고 있습니다. 그가 팀에 있을 때는 뭔가 다르다는 걸
느끼게 됩니다. 정확히 뭐라고 짚긴 어렵지만, 분명히 다릅니다.

외데고르와 아스널이 공간을 지배했다는 상대 팀 감독의 말에 대해서는?

그런 부분에 있어서 어떤 선수들은 시간적 여유를 갖지 못합니다. 어떤
선수들은 1초, 2초 만에 필요한 플레이를 해내죠. 외데고르는 그게 가능합니다.
언제나 옳은 타이밍을 찾기 때문입니다. 또 그의 터치도 도움이 되고요.

사카와 외데고르의 관계에서 중요한 것은 무엇입니까?

그 두 사람 사이의 조합('케미'), 때로는 누군가를 만나면 눈빛만 봐도
자연스럽게 흘러갈 때가 있습니다. 그 두 사람이 그렇습니다. 경기장 밖에서도
그렇고 위에서도 그렇죠. 다른 선수들과도 마찬가지입니다. 이것은 축구계의,
말로는 설명하기 힘든 그런 부분입니다. 하지만 그 두 선수를 옳은 위치에
배치하면, 모든 것이 자연스럽게 흘러가고 좋은 장면이 만들어집니다. 아무리
노력해도 그게 되지 않는 선수들도 있죠. 하지만 그 두 선수는 그것이 가능하고
그들이 우리 팀에 있는 것은 우리에겐 큰 행운입니다.

오늘의 외데고르가 있기까지, 그 배경을 책에 담으며

EPILOGUE 필자로서 한 선수, 감독에 대한 책을 쓸 때는 언제나 크든 작든 무언가 새로운 정보를 주기 위해 늘 노력하고 있다. 그 과정에서 때로는 단 하나의 팩트, 한 줄의 원고를 적기 위해 몇 주의 시간을 들여 확인을 하는 경우가 있다. 외데고르가 주인공인 이번 책의 경우도 마찬가지다.

이 책 전체를 작성하는 과정에서 필자가 가장 오랜 시간을 걸려 팩트를 검증하고 추가 확인을 거쳐 책에 쓴 '한 줄의 팩트'는 다름 아닌 외데고르의 친모에 대한 정보였다. (1장 참조) 외데고르의 가족사에 대한 조사를 하던 중 외데고르의 친모가 국가대표 핸드볼 선수였다는 정보를 담은 외신 기사를 발견한 것이다. 만약 이것이 사실이라면, 외데고르는 친부가 프로 축구 선수였을 뿐 아니라, 친모도 국가대표 핸드볼 선수를 역임한 부모 양쪽이 다 스타 스포츠 선수였던 집안에서 태어난 선수가 되는 것이니, 이는 기존에 알려져 있던 정보와는 다른 것이고(혹은 더 자세한 정보이고), 그러므로 이는 크든 작든 중요한 정보일 수 있고, 완전히 새로운 정보일 수도 있는 것이다.

그러나, 그런 내용을 담은 외신 기사가 있었다고는 하나, 이는 매우 국한적인 정보였고, 그것이 사실인지가 불확실했다. 그렇다면, 이 팩트를 검증할 수 있는 가장 정확한 방법이 무엇일까? 두 가지 방법이 있다. 당사자인 외데고르의 친모에게 확인하거나, 또는, 외데고르의 어머니가 노르웨이 핸드볼 대표팀 선수라 했으니, 노르웨이 핸드볼 대표팀에 확인하는 방법이다. 물론, 전자가 더 빠른 방법일 수 있겠으나 아쉽게도 필자에겐 외데고르 친모의 전화번호가 없다. (이게 있는 한국인이 과연 있기나 할까?)

그래서 필자는 노르웨이 대표팀에 필자의 신분과 이 사실을 확인하는 이유를 설명하고 공식문의처로 문의를 보냈다. 그리고 10일쯤 시간이 흐른 후 직접 답신을 받았다.

노르웨이 핸드볼 대표팀의 답신 내용은 "우리 기록을 확인해 본 결과, 외데고르의 친모는 노르웨이 성인 대표팀 선수였던 적이 없다"는 것이었다. 즉, 외데고르의 친모가 핸드볼 대표팀 선수였다라는 내용을 담고 있는 외신 기사는 '가짜 뉴스'였던 셈이다. 필자가 만약 그걸 검증하지 않고 그런 '새로운' 정보를 찾았다고 신나서 그대로 책에 옮겼다면, 가짜 뉴스를 한국의 수십만의 아스널 팬들에게 전파할 뻔했던 것이다. 물론, 그런 일은 어떤 필자에게도, 어떤 책에도 발생해서는 안 되는 일이고 그것이 '책'이라는 콘텐츠와 '독자'라는 감사한 존재에 대한 기본적 예의다. 책에 담기는 단 한 줄의 정보가 때로는 이런 과정을 거쳐 탄생한다는 사실을 독자들과 함께 나누고 싶었다.

물론, 외데고르의 친모가 핸드볼 대표선수였든 아니든, 그녀는 외데고르에게 있어 스스로 표현하는 '세상에서 가장 자상한 사람'이고 오늘날의 외데고르가 존재하는 데 큰 역할을 한 감사한 존재다. 그리고 그런 그의 어머니를 포함해, 그의 친부, 그리고 그가 성장과정에서 만났던 수많은 사람들과 결정의 순간들에서 그가 어떤 결정을 내렸고 어떤 과정을 거쳐 오늘날의 외데고르가 되었는지를 담은 것이 이 책이다. 한국의 많은 아스널 팬들, 또 외데고르라는 선수의 팬들에게 이 책이 아주 작은 도움이라도 되었으면 한다.

Martin Ødegaard

1ST PUBLISHED DATE 2024. 12. 20

AUTHOR Sunsoo Editors, Lee Sungmo
PUBLISHER Hong Jungwoo
PUBLISHING Brainstore

EDITOR Kim Daniel, Hong Jumi, Lee Eunsu, Park Hyerim
DESIGNER Champloo, Lee Yeseul
MARKETER Bang Kyunghee
E-MAIL brainstore@publishing.by-works.com
BLOG https://blog.naver.com/brain_store
INSTAGRAM https://instagram.com/brainstore_publishing
PHOTO Getty Images

ISBN 979-11-6978-045-2 (03690)

MARTIN ØDEGAARD